LE

DÉTROIT DE MAGELLAN

AU POINT DE VUE INTERNATIONAL

PAR

Jean Marie ABRIBAT

DOCTEUR EN DROIT DE L'UNIVERSITÉ DE PARIS
AVOCAT PRÈS DES COURS ET DES TRIBUNAUX DU CHILI

PARIS

LIBRAIRIE MARESCQ AINÉ

A. CHEVALIER-MARESCQ & Cⁱᵉ, ÉDITEURS

20, RUE SOUFFLOT

1902

LE
DÉTROIT DE MAGELLAN

AU POINT DE VUE INTERNATIONAL

LE
DÉTROIT DE MAGELLAN
AU POINT DE VUE INTERNATIONAL

PAR

Jean Marie ABRIBAT

Docteur en droit de l'Université de Paris
Avocat près des Cours et des Tribunaux du Chili

PARIS

LIBRAIRIE MARESCQ AINÉ

A. CHEVALIER-MARESCQ & Cie, ÉDITEURS

20, RUE SOUFFLOT

1902

Plan que nous suivrons pour traiter notre sujet

Le détroit de Magellan, découvert vingt ans avant
que les intrépides conquérants du Pérou eussent
avancé jusqu'aux terres chiliennes, fut, pendant la
première partie de la période coloniale de l'Amérique
du Sud, un des points qui préoccupèrent le plus les
Rois de Castille, parce que, s'en croyant maîtres
absolus, ils voulaient le fermer aux pavillons étrangers dans l'intention de s'en réserver l'usage
exclusif.

Ce long canal maritime, que la nature semble
avoir creusé à dessein pour diminuer le lourd tribut
que la voie du cap Horn impose annuellement, en
hommes et en argent, à la navigation entre l'Atlantique et le Pacifique et pour offrir un refuge au
marin qui, assailli par les tempêtes qui sévissent si
souvent au delà du 50e degré de latitude méridionale, cherche un peu de calme, une baie ou une
rade pour donner quelque repos à son équipage

épuisé par la fatigue ou afin de réparer, dans la mesure du possible, les avaries du bateau qu'il commande, est devenu, dans la seconde moitié du dix-neuvième siècle, l'objet d'un intéressant litige international, à cause de l'état de confusion dans lequel l'Espagne avait maintenu les frontières de ses colonies américaines. Car, le Chili et la République Argentine prétendaient, l'un et l'autre, être souverains, en vertu de titres de provenance espagnole, du sud de la Patagonie, de la côte qui le relie au Pacifique et de la Terre du Feu [1] et, par suite, du bras de mer qui sépare le premier et le second d'avec le troisième de ces territoires et fait communiquer les deux plus grands Océans du globe, et se disputaient sur la question de savoir lequel des deux en était le véritable propriétaire. Mais, après de longues et parfois de vives discussions, ils tranchèrent leur différend par un traité, appelé de *limites*, qu'ils signèrent le 23 juillet 1881.

Comme cette convention a soumis le détroit de Magellan a un régime juridique exceptionnel, que les nations maritimes ne sauraient trop connaître, nous nous sommes proposé de rechercher les règles de portée générale qui régissent ce canal.

---

[1]. Les géographes et les écrivains français désignent cet archipel par le nom de *Terre de Feu* quoique l'étymologie et la traduction de « Tierra del Fuego » conseillent de l'appeler : Terre du Feu.

Pour traiter notre sujet, dont le titre est « Le détroit de Magellan au point de vue international », nous suivrons l'ordre dans lequel il s'est développé

Or, nous avons vu que ledit bras de mer a, d'abord, relevé de la couronne de Castille ; que sa souveraineté a, ensuite, fait l'objet d'une dispute entre le Chili et la République Argentine ; et, enfin, qu'un traité a modifié sa condition juridique. En conséquence, nous diviserons notre thèse en *trois sections*, qui auront successivement pour titre : *Découverte et histoire sommaire du détroit de Magellan ; La question des limites ; et Condition juridique du détroit de Magellan.* Travail qui sera précédé d'une *introduction*, un peu étendue, destinée à fournir quelques renseignements sur la géographie, sur l'industrie et sur le commerce de la Magellanie, et suivi d'une courte *conclusion*, où nous constaterons qu'un grave danger menace le canal mentionné et nous indiquerons les moyens propres à le conjurer.

INTRODUCTION

A. — BRÈVES INDICATIONS SUR LA GÉOGRAPHIE DE L'AMÉRIQUE DU SUD

1. Configuration de cette partie du continent Américain

En forme de triangle isocèle, l'Amérique méridionale, très large entre Panama et Pernambouc, se rétrécit peu à peu à mesure qu'elle avance vers le sud pour aller finir presque en pointe au cap Horn, bien qu'au delà de ce promontoire il y ait encore quelques îles. Mais son unité terrestre se trouve interrompue par le long détroit de Magellan, qui la traverse de l'est à l'ouest, sépare le continent de l'archipel de la Terre du Feu et fait communiquer les Océans Atlantique et Pacifique.

A l'exemple de ce canal, qui divise transversalement cette partie du Nouveau-Monde en deux portions d'étendue très différentes, une chaîne de montagnes, appelée *Cordillère*, *Cordillère des Andes*, ou *Andes*, la partage longitudinalement en deux régions de proportions fort inégales.

Les Andes, excessivement ramifiées dans le nord, se concentrent et prennent, à partir du degré **27** de latitude australe, la physionomie d'une véritable chaîne de montagnes [1], dont la base moyenne ne mesure pas moins de **25** lieues, et se dirigent nettement au sud. Elles atteignent leur plus grande hauteur entre les parallèles **32** et **34**, s'abaissant graduellement, ensuite, jusqu'à se confondre avec leurs contreforts, disparaissent sous les eaux du détroit de Magellan et se relèvent dans la Terre du Feu où elles forment plusieurs pics assez élevés.

Sise beaucoup plus près du Pacifique que de l'Atlantique, la Cordillère des Andes sert de frontière, à partir de quelques minutes au nord du tropique du Capricorne, entre la République Argentine et le Chili : celui-ci est situé à l'ouest et celle-là, à l'est de cette imposante chaîne de montagnes. Mais du temps de la domination espagnole, ces deux colonies ne s'étendaient que jusqu'aux environs du degré **42**. A cette latitude, moins une quinzaine de minutes, commençait, du côté des Andes, la Magellanie [2], dans laquelle on distin-

---

1. A. Pissis, *Géographie Physique de la République de Chili*, p. 8.
2. *Les Terras Magellanicas* des Espagnols.

gnait, principalement : la Patagonie, la Chonie, la Terre du Feu, l'île des États[1] et le détroit de Magellan, territoires qui n'ont été effectivement occupés qu'à une époque tout à fait récente.

2. La Patagonie

La République Argentine, pays très large et plat, était limitée au sud par une région, d'une trentaine de mille lieues carrées, qui porte le nom de Patagonie[2] à cause du qualificatif, Patagons, par lequel on désigne les sauvages qui l'habitaient à titre souverain, autant du moins que cette expression est applicable aux peuples de civilisation rudimentaire. Cette contrée, froide et aride, quoique au pied des Andes elle produise une végétation assez abondante, s'étend de ces montagnes à l'Océan Atlantique et se termine au détroit de Magellan ; elle est arrosée par de grands fleuves qui la parcourent de l'ouest à l'est comme à dessein pour faciliter l'écoulement des produits de l'industrie des colons qui s'y établissent.

1. Celle-ci, située à l'est du détroit de Le Maire, nous ne ferons que la mentionner.
2. Malte Brun. *Geografía Universal*, t. VI. p 74 et 79 edition de Madrid 1850

8. La Chonie

Le Chili, bordé à l'ouest par une seconde chaîne de montagnes [1] parfois ébréchée pour permettre que quelques vallons aboutissent au Pacifique et relié transversalement aux Andes, de distance en distance, par de hauts côteaux, est un État à territoire long, étroit et accidenté, qui, au midi, finissait au canal de Chacao, pour ainsi dire, par submersion. Des trois zones longitudinales qu'on y distingue : le versant proprement dit des Andes, la vallée centrale et les montagnes de la côte, la dernière disparaît sous l'Océan et ses crêtes forment, ensuite, les archipels de Chiloé, des Chonos, de la Madre de Dios et de la Reine Adélaïde, une partie de la péninsule de Taytao et un nombre considérable d'îles et d'îlots ; la seconde se convertit en une infinité de baies, de golfes et de canaux maritimes, capricieusement distribués et prenant des directions très variées, dont un de ceux-ci, celui de Smith, se jette dans le détroit de Magellan ; et la première, augmentée de la péninsule de Taytao et de l'archipel des Chonos, constituait la Chonie, dans l'espace compris entre le parallèle mentionné et le golfe de Peñas, parce que des indiens, différents des Patagons, appelés Chonos, y commandaient.

[1] *La Cordillera de la costa.*

Et, dans la partie continentale de ce pays, se trouvait le Nouveau Chili, contrée qui, avec les terres qui lui font suite et s'étendent vers le sud, est, aujourd'hui, improprement appelée Patagonie occidentale ou Patagonie chilienne par quelques publicistes. Car, de Patagonie occidentale, il n'en existe pas ; et la dénomination de Patagonie chilienne appartient à la petite fraction, australe et immédiate au détroit de Magellan, de la Patagonie proprement dite que le gouvernement chilien possède, mais elle ne saurait convenir au Nouveau Chili ni aux côtes du continent, îles et canaux situés au delà et allant jusqu'audit bras de mer. Cette dernière région, habitée par des Indigènes, nommés Alacalufes, manque de désignation générale, et n'est connue que par les noms particuliers des voies d'eau, archipels, îles, presqu'îles, îlots, rochers, vallées et monts dont elle se compose.

La côte septentrionale du détroit de Magellan n'est donc pas exclusivement formée par la Patagonie, comme on pourrait le croire ; mais par ce pays, par la péninsule de Brunswick et celles de Crocker et du Roi Guillermo, ou de Muñoz Gamero, et, enfin, par l'archipel de la Reine Adélaïde. Quant à sa rive méridionale, nous en parlerons en nous occupant de la Terre du Feu.

4 Archipel de la Terre du Feu

Composé par un grand nombre d'îles, d'îlots et de rochers, l'archipel de la Terre du Feu forme l'extrémité australe de l'Amérique, dans l'espace compris entre le détroit de Magellan et le cap Horn[1] l'Atlantique, le détroit de Le Maire et le Pacifique. Il est sillonné en tous sens par une infinité de canaux maritimes, parmi lesquels on remarque particulièrement celui de Beagle, parce que, situé sous le parallèle cinquante cinq et allant de l'un à l'autre Océan, il divise la région en deux sections ethnographiquement différentes et sert, à l'est du degré 68 34 00[2] de longitude occidentale du méridien de Greenwich[2], de frontière entre les possessions chiliennes et argentines.

La section méridionale, petite et presque dépourvue de valeur agricole, comprend les îles des Ermites, à l'extrémité australe desquelles se trouve le cap Horn, et celles de Wallaston, de Hoste et de Navarino. Elle se distingue du reste de la contrée par ses habitants autochtones, appelés Yaghanes,

1. Le cap Horn est situé à 55 58 58 de latitude et 67 16 5 de longitude à l'ouest du méridien de Greenwich (Anuario Hidrográfico de la Marina de Chile, 1889, p. 5..)

2. Toutes les longitudes dont nous parlerons dans la suite se rapporteront au même méridien.

qui, montés sur des chaloupes tout à fait rudimentaires, se rendent sur les divers points de ses côtes dans le dessein de pêcher, de chasser et de porter secours aux naufragés que les tempêtes jettent contre les rochers.

La partie septentrionale, beaucoup plus vaste et fertile que la précédente, se décompose en cinq îles qui, placées successivement l'une à la suite de l'autre, forment, à elles seules, toute la côte méridionale du détroit de Magellan : après la Grande île de la Terre du Feu, que d'abord on rencontre, on trouve celles de Dawson, de Clarence, de Sainte-Inés et de la Désolation.

La Grande île de la Terre du Feu diffère des autres, tant par son étendue que par sa population indigène. Elle est habitée, en partie par les Onas, sauvages perfides, agiles et très adroits pour se cacher dans les broussailles ou dans les irrégularités du sol afin de surprendre et d'assassiner les étrangers, vivant en état nomade, ignorant complétement l'art de la navigation et, par suite, ne voyageant jamais sur mer.

Les îles de Dawson, de Clarence, de Sainte-Inés et de la Désolation, beaucoup plus petites que la précédente, sont seulement fréquentées par les Alacalufes, indiens que nous avons déjà rencontrés à l'ouest de la Patagonie et qui ont cette particularité de résider, pour ainsi dire, continuellement, en compagnie de leur famille et d'un chien, à bord d'un petit canot dont le centre est garni d'un brasier toujours allumé. Montés sur leurs chaloupes mal construites, ces hommes primitifs vont souvent visiter les bateaux à l'ancre dans les rades voisines afin d'échanger des peaux de loutre ou de phoque contre de vieux vêtements ou du tabac, et même dans l'intention d'étudier la manière d'aller attaquer victorieusement, ensuite, ceux qu'ils considèrent comme faiblement protégés par leur équipage, raison pour laquelle ils constituent un danger pour la navigation côtière de bas tonnage.

Ainsi donc, en fait de population indigène, sur les bords de la partie occidentale du détroit de Magellan, on rencontre : à droite, des Patagons, parmi lesquels on compte une centaine de Tehuelches, et à gauche, des Onas ; et sur ceux de la section occidentale, on ne trouve que des Alacalufes.

Ces deux dernières familles, différant entre elles en ce que l'une est presque toujours sur l'eau et que l'autre n'y va jamais, forment ce qu'on appelle la *race fuégienne*.

5. Le Détroit de Magellan

a) *Situation géographique des caps qui le limitent.* — Les renseignements que nous possédons sur les terres magellaniques resteraient incomplets et seraient, pour ainsi dire, sans objet si nous ne nous occupions, avec quelques détails, de la célèbre route maritime qui les traverse de l'un à l'autre Océan.

A cheval sur l'extrémité australe du continent américain, le détroit de Magellan ressemble à un énorme *accent circonflexe* dont l'angle, très obtus, serait formé par le cap Froward et les deux côtés aboutiraient, à la même hauteur, l'un dans l'Atlantique et l'autre dans le Pacifique. Il commence, du côté de l'Atlantique, au cap des Vierges, situé sur la pointe sud-est de la Patagonie, sous les 52° 16'30 de latitude et 68° 12'00' de longitude occidentale[1], et à celui de Espíritu Santo, rocher qui marque la limite nord-est de la Grande île de la Terre du Feu par 52° 40'00'' de latitude et 68° 34'00' de longitude[2]; se resserre des deux bords, pendant un court espace, jusqu'à ce que les promontoires de Sainte-Catherine, à gauche, et Dungeness, à droite, lui permettent de s'ouvrir en grand bassin, a figure

1. La position du cap des Vierges nous a été fournie au Bureau hydrographique de Santiago où on nous a dit qu'elle avait été prise sur la dernière carte nautique anglaise; mais beaucoup de géographes placent ce promontoire sous les 52° 30 de latitude et 68° 21 de longitude.

2. Article 5 du traité du 23 juillet 1881. *Boletín oficial* du 28 octobre 1881, p. 1069, où pour *cette glisse au la sesenta* on lit *setenta*. — Diego Barros Arana, *La Cuestión de límites*, 1898, p. 9, note 1.

presque circulaire ; prend la direction du sud-ouest en se rétrécissant de nouveau de manière à former un *goulet* de dix milles de longueur. Après, les terres s'écartent une seconde fois pour faire place à un autre bassin, à la suite duquel elles se rapprochent encore et renferment le canal dans un deuxième *goulet*, mesurant douze milles de long, qui le conduit à un troisième élargissement circulaire des côtes, très difforme, dans lequel se trouvent les îles de Isabel, de Santa Magdalena, de Santa Marta et de Quarter-Master. Le détroit se dirige, ensuite, presque directement au sud, en coulant dans sa partie la plus large et la mieux dessinée ; tourne vers le sud-ouest et atteint le cap Froward, promontoire de 500 mètres de hauteur, sis à l'intersection des degrés 53 54′ 00″ de latitude et 71 18′00″ de longitude, qui marque à peu près la moitié de son cours et fixe, sur sa rive continentale, la limite méridionale du coude qu'il décrit. A ce point il change complètement de direction : au lieu de continuer à avancer vers le sud-ouest, il va franchement, et presque en droite ligne, au nord-ouest ; perd beaucoup de sa largeur, renferme quelques îles, dont la principale est celle de Carlos III, longe sa section la plus étroite, prend de l'ampleur une dernière fois et se jette dans le Pacifique par une ouverture de trente-cinq kilomètres.

Les côtes du détroit de Magellan, d'aspect tout à

fait capricieux et irrégulier, sont entrecoupées par l'embouchure de cinq canaux latéraux appelés de Gabriel, de Magdalena, de Barbara, de Cordoba et de Smith, et de trois grands golfes intérieurs, ceux de Almirantazgo, de Otway, qui prend ensuite le nom de Skiring, et de Xauteigua, forment un nombre incalculable de ports, de rades et d'anses abrités par des pointes plus ou moins saillantes et finissent, à gauche, par le cap Pilar ; à droite, on n'a pas encore déterminé, d'une manière précise le point où elles s'arrêtent.

Le cap Pilar[1], ou de los Pilares, est un rocher de 90 mètres de hauteur, situé à 52° 43′ 00″ de latitude et 74° 43′ 00″ de longitude et légèrement séparé de l'extrémité de l'île de la Désolation, qui fixe admirablement, au sud-ouest, l'embouchure occidentale du détroit de Magellan ; mais il n'a proprement pas de vis-à-vis. Le cap Victoria, que quelques géographes lui opposent, ne se trouve pas dans le bras de mer en question, mais sur l'Océan, par 52° 16′ 00″ de latitude et 74° 55′ 00″ de longitude.

Ce dernier promontoire, qui se dégage d'une des petites îles de l'ouest de l'archipel de la Reine Adélaïde, n'est, d'ailleurs, guère utile aux navigateurs, parce que quatre îlots, qu'on appelle les Évangélistes, ou de la Direction, situés à onze milles plus

[1]. Élisée Reclus. *Géographie Universelle*, t. XVIII. p. 751.

au sud-ouest, sous les 59° 24' 00" de latitude et 73° 0' 13" de longitude et en face l'entrée du canal, leur indiquent bien mieux leur chemin.

Ainsi, la position géographique que nous venons de relever des points qui limitent le détroit de Magellan démontre que ce bras de mer joint les deux Océans en dessinant un coude vers le sud de près d'un degré et trois quarts et va terminer dans le Pacifique à la même latitude, sauf quelques minutes de différence, qui marque son entrée du côté de l'Atlantique. Cette coïncidence a fait remarquer que le navire qui sortirait par l'une des embouchures de ce canal et suivrait toujours le même parallèle, rentrerait dans l'autre sans avoir rencontré aucune terre.

b) *Longueur et largeur du détroit de Magellan.* — La longueur du détroit de Magellan, sur laquelle les navigateurs antérieurs au dix-neuvième siècle n'ont laissé que des appréciations approximatives [1] et que des publicistes de nos jours portent de trois cents [2] à cinq cent quatre-vingt-trois kilomètres [3] est, d'après deux auteurs [4] chiliens [5] dont les ren-

[1] Francisco Solano Asta Buruaga, *Diccionario Jeografico*, p. 198.

[2] J. de Cordemoy, *Le Tour du Monde*, 1898, p. 578.

[3] Enrique Espinoza, *Jeografia descriptiva*, p. 158.

[4] Ramon Serrano Montaner, *Derrotero del Estrecho de Magallanes*, p. 1.

[5] Boonen Rivera, *Ensayo sobre la Geografia militar de Chile*, p. 232.

seignements ne sauraient être erronés, de trois cent dix milles marins, chiffre qui équivaut à cinq cent soixante-quatorze kilomètres et une petite fraction, ou à cent quarante-trois lieues et demie.

Quant à sa largeur, de même que l'écartement de ses rives, elle varie à chaque instant, sans cependant jamais descendre au-dessous de trois kilomètres ni monter au-dessus de quarante.

c) Profondeur, aspect et climat du détroit de Magellan. — Divisées par la nature en deux zones très différentes, les côtes du détroit de Magellan, basses, dépourvues d'arbres et fécondes en pâturages, dans la partie orientale, sont, à partir du cap Negro, hautes, hérissées de pics, couvertes de forêts et de mousse, jusque près de leur sommet, et habituellement couronnées de neige, de laquelle se dégagent quelques glaciers et de nombreux torrents de toute beauté, et elles ont la singularité d'indiquer, par leur altitude, la profondeur du bras de mer qu'elles bordent, comme, par exemple, si elles avaient été formées avec les déblais, jetés à droite et à gauche de la tranchée qu'elles limitent : car les eaux du canal, blanchâtres, parsemées de bancs de sable et ne descendant pas à plus de quarante brasses, dans la première des sections mentionnées, sont, au contraire, très profondes, noirâtres, à cause de l'ombre des montagnes voisines, et remplies, près au sud-ouest, sous les 52° 24' 00" de latitude et 75° 6' 18" de longitude et en face l'entrée du canal, leur indiquent bien mieux leur chemin.

Ainsi, la position géographique que nous venons de relever des points qui limitent le détroit de Magellan démontre que ce bras de mer joint les deux Océans en dessinant un coude vers le sud de près d'un degré et trois quarts et va terminer dans le Pacifique à la même latitude, sauf quelques minutes de différence, qui marque son entrée du côté de l'Atlantique. Cette coïncidence a fait remarquer que le navire qui sortirait par l'une des embouchures de ce canal et suivrait toujours le même parallèle, rencontrerait dans l'autre sans avoir rencontré aucune terre.

b) *Longueur et largeur du détroit de Magellan.* — La longueur du détroit de Magellan, sur laquelle les navigateurs antérieurs au dix-neuvième siècle n'ont laissé que des appréciations approximatives [1] et que des publicistes de nos jours portent de trois cents [2] à cinq cent quatre-vingt-trois kilomètres [3] est, d'après deux auteurs [4] chiliens [5] dont les ren-

1. Francisco Solano Asta-Buruaga, *Diccionario Jeografico*, p. 198.
2. J. de Cordemoy, *Le Tour du Monde*, 1898, p. 578.
3. Enrique Espinoza, *Jeografia descriptiva*, p. 158.
4. Ramon Serrano Montaner, *Derrotero del Estrecho de Magallanes*, p. 1
5. Ramon Rivera, *Ensayo sobre la Geografia militar de Chile*, p. 232.

seignements ne sauraient être erronés, de trois cen
dix milles marins, chiffre qui équivaut à cinq cent
soixante-quatorze kilomètres et une petite fraction,
ou à cent quarante-trois lieues et demie.

Quant à sa largeur, de même que l'écartement de
ses rives, elle varie à chaque instant, sans cependant
jamais descendre au-dessous de trois kilomètres ni
monter au-dessus de quarante.

c) *Profondeur, aspect et climat du détroit de Magellan.*
— Divisées par la nature en deux zones très différentes, les côtes du détroit de Magellan, basses,
dépourvues d'arbres et fécondes en pâturages, dans
la partie orientale, sont, à partir du cap Negro,
hautes, hérissées de pics, couvertes de forêts et de
mousse, jusque près de leur sommet, et habituellement couronnées de neige, de laquelle se dégagent
quelques glaciers et de nombreux torrents de toute
beauté, et elles ont la singularité d'indiquer, par
leur altitude, la profondeur du bras de mer qu'elles
bordent, comme, par exemple, si elles avaient été
formées avec les déblais, jetés à droite et à gauche
de la tranchée qu'elles limitent ; car les eaux du
canal, blanchâtres, parsemées de bancs de sable et
ne descendant pas à plus de quarante brasses, dans
la première des sections mentionnées, sont, au
contraire, très profondes, noirâtres, à cause de
l'ombre des montagnes voisines, et remplies, près

de terre, de rochers plus ou moins visibles, dans la
seconde.

Si à cela on ajoute qu'entre le cap Pilar et celui
des Vierges, on aperçoit, de temps en temps, la
coque de quelque navire naufragé, non encore sub-
mergée, on peut dire que l'aspect du détroit de
Magellan est, à la fois, triste, imposant et majes-
tueux.

Mais, pour avoir une idée à peu près complète des
particularités de ce bras de mer, il y a, en outre, à
remarquer qu'à l'occident du cap Froward, il y fait
presque toujours mauvais temps, parce que le vent
dominant, du sud-ouest, y apporte, indistinctement
et en toute saison, avec de rares intervalles de répit,
la brume, la pluie, la neige ou la grêle, tandis qu'à
l'orient de ce promontoire, on y voit un peu d'été et
quelques journées claires et sèches, parce que les
monts de la péninsule de Brunswick atténuent les
effets des tempêtes venant du Pacifique ; mais,
quoique pendant les beaux mois le soleil reste longtemps au-dessus de l'horizon, il ne chauffe guère
l'atmosphère, car le thermomètre y monte rarement
à vingt-cinq degrés centigrades et, par contre, en
hiver, il y descend souvent à plus de douze au-dessous de zéro.

d. Bouées, balises et phares du détroit de Magellan. —
La condition naturelle, ou sauvage, du détroit de

Magellan, que nous venons de mettre en relief, a beaucoup changé au cours de la seconde moitié du dernier siècle, grâce aux travaux que le Chili a exécutés dans les eaux, sur les côtes ou non loin de ce canal dans le but de le rendre aussi sûr et aussi commode que possible à la navigation, ou, autrement dit, de le civiliser. A cet effet, le gouvernement chilien a procédé, au moyen de ses bâtiments de guerre, au sondage du bras de mer mentionné et à la pose de bouées sur un grand nombre des écueils qu'il recèle. Il a construit huit balises, de couleurs variées et de forme différente, sur les bords de cette route interocéanique pour rappeler leur configuration et les dangers qu'ils présentent, aux marins qui les longent. Il a, en outre, créé quatre phares [1], qui rendent, pendant la nuit, d'excellents services aux navires, car : le premier, portant la lumière à plus de vingt-cinq milles, indique, avec précision, la place qu'occupe l'embouchure orientale du détroit en la couvrant de ses feux depuis le cap Dungeness, où il est situé ; le second, de puissance moindre, se trouve sur *Punta Delgada* et marque admirablement l'entrée du premier goulet ; le troisième annonce l'arrivée au port de Punta Arenas ; et le quatrième, dont les rayons portent à vingt-cinq milles, s'élève sur

1. Lei de Faros, du 15 juillet 1857. El Araucano du 18 juillet 1857.

un des îlots des Évangélistes et éclaire, d'une manière heureuse, l'embouchure occidentale du canal en question en rendant presque gais ces parages si rarement épargnés par le mauvais temps et toujours difficiles à parcourir.

c) *Mesures destinées à secourir les naufragés.* Pour le cas où les mesures destinées à prévenir les sinistres maritimes resteraient inefficaces, le Chili a organisé un système de secours aux naufragés de toutes les nations, qui ne peut que contribuer à faire du détroit de Magellan la voie préférée du commerce maritime du Pacifique. En effet, après avoir posé le principe que la loi n'établit aucune différence entre les Chiliens et les étrangers en ce qui concerne l'acquisition et la jouissance des droits civils [1], il a déclaré que tout navire en danger de périr pouvait se réfugier dans n'importe quel endroit de la côte et ordonne aux autorités locales de secourir les naufragés auxquels il assure l'accès sur la plage [2] ; mais, de plus, afin de procurer à ceux-ci un abri contre l'inclémence du climat, il a rendu habitables cinq des balises qui garnissent les rives du canal [4] ; et en outre il prescrit aux

---

1. *Codigo Civil*, article 57.
2. *Codigo Civil*, article 603
3. *Anuario Hidrografico de la Marina de Chile*, 1888, p. 419.
4. Ces cinq balises se trouvent sur les points suivants : cap Dungeness, collines de la Direction, cap Possession, pointe Baja

habitants du pays [1] qui sauraient qu'un bâtiment s'est échoué près de terre ou que la mer y a refoulé des épaves de bateaux ou quelque partie de leur cargaison, de porter le fait à la connaissance des représentants du pouvoir public [2] et de mettre en lieu sûr les objets susceptibles d'être sauvés pour les restituer, contre le versement d'une prime de sauvetage, au propriétaire [3], dans le cas où il se présenterait pendant les deux années qui suivraient le jour de la publication du dernier des trois appels qu'on doit lui faire par annonces, ou afin de les vendre à l'encan et de partager le produit de la vente entre le sauveteur et la municipalité locale [4], après l'expiration de ce délai.

Les diverses dispositions, relatives aux sinistres maritimes, que nous venons de mentionner, constituent un ensemble de garanties, pour la navigation, qui augmente considérablement l'importance naturelle du détroit de Magellan, parce qu'il favorise le développement du commerce international du Pacifique et facilite l'exploitation de la Magellanie [5].

---

et pointe Arenas. — *Memoria del gobernador de Magallanes, Mariano Guerrero Bascuñan*, 1897, t. II, Annexe 5o

1. *Codigo Civil*, article 1[...]
2. Articles [...] et suivants de la Constitution.
3. *Codigo Civil*, articles 6[...], 6[...] et 65[...].
4. *Ley de Organisacion i atribuciones de las Municipalidades*, du [...] décembre 1891. *Boletin de las Leyes*, 1891, t. II, p. [...]
5. Ramon Serrano Montaner, *Derrotero del Estrecho de M[...]*

B. — La colonie de Magellan

I. ACTIVITÉ INDUSTRIELLE DE LA COLONIE

Afin de compléter son œuvre dans l'extrémité méridionale de l'Amérique, le gouvernement chilien s'est proposé de civiliser la Magellanie en même temps que le canal interocéanique qui la traverse. À cet effet, en 1843, il fonda, sur la rive continentale du détroit un établissement militaire[1] qui, bientôt transformé en colonie, ne tarda pas à être transporté dans un lieu voisin et mieux abrité, appelé baie de Punta Arenas.

La colonie de Punta Arenas eut, jusqu'en 1882, une existence des plus précaires et quelquefois dramatique; mais, depuis cette époque, elle a progressé rapidement et elle s'est considérablement enrichie à cause, principalement, de l'introduction du mouton dans le pays[2].

En effet, lorsqu'après quelques essais malheureux, le mouton des îles Malouines s'est acclimaté dans le territoire de Magellan, les immigrants et les capi-

vellanos, p. 5. — La réputation du détroit de Magellan est tellement connue, qu'il devient inutile de parler de l'attention qu'il faut faire et des précautions qu'il y a à prendre pour le passer, cependant c'est un canal sûr pour les navires à vapeur

1. Le fort Bulnes.

2. *Diario Oficial*, 1884, p. ..

taux y sont venus en plus grande quantité qu'auparavant, et afin de favoriser cette heureuse réaction le gouvernement y a fait, de gré à gré, à temps et à bas prix, de vastes concessions de terrain; y a offert gratuitement des lots aux colons nationaux qui les travailleraient et y résideraient pendant un an; et enfin, il y a obtenu le vote d'une loi[1] qui autorise le Président de la République à désigner les terres de la contrée susceptibles d'être mises à profit et à les donner à bail aux enchères publiques.

Par le premier de ces trois modes de colonisation, la Patagonie chilienne, la partie occidentale de la Grande île de la Terre du Feu, l'île de Dawson et quelques autres plus australes ont été concédées à des fermiers qui, en général, y font, sur une grande échelle, l'élevage du bétail à laine, lequel s'y est tellement bien reproduit que son nombre était porté à deux millions au commencement de 1899.

Cette branche tout à fait florissante de l'industrie agricole, qui, en 1896, a déjà produit la somme de deux millions trois cent trente-sept mille francs, rien qu'en exportation de laines brutes semble destinée à un brillant avenir et à modifier l'aspect de la région, car elle y appelle un personnel assez nombreux qui se répand dans la campagne et construit, souvent, des maisons ou des granges là où tout était sauvage.

[1] *Diario Oficial* du [illegible] Santiago 1892 [illegible].

L'exploitation des forêts n'a pas prospéré autant que celle des pâturages. Cependant, elle est représentée par neuf scieries, qui occupent environ mille ouvriers, et ne peut qu'augmenter ses opérations à mesure que la colonie se peuple, attendu que toutes les bâtisses s'y font en bois, sauf dans la capitale, où l'on commence à en construire quelques-unes en briques.

L'industrie extractive, abstraction faite de la recherche de l'or, a été fort négligée, car les gisements d'houille, d'assez bonne qualité, qui abondent dans la région, ne sont encore guère moins qu'abandonnés, quoique les mineurs jouissent de plusieurs privilèges[1]. Les mines de charbon, ne serait-ce qu'à cause de la situation géographique de la contrée où elles se trouvent, doivent pourtant faire, un jour, l'objet d'une exploitation sérieuse et devenir la source d'un revenu important, parce que presque tous les navires qui passent par le détroit de Magellan demandent du combustible, qu'un dépôt flottant de houille de Cardiff, fixe dans le port de Punta Arenas, leur fournit à des prix très élevés.

La pêche, principalement celle du phoque et de la loutre, occupait à peu près six cents personnes, en 1893, époque jusqu'à laquelle elle est restée entièrement libre pour les nationaux et pour les étran-

1. Décret du 31 mars 1873. *Boletin Oficial*, t. 41, p. 372.

gers ayant leur domicile au Chili[1]. Mais la crainte de voir disparaître les espèces on a, par une ordonnance du 27 août de l'année mentionnée, suivie, trois jours après, d'un décret et puis d'une loi, fait suspendre l'exercice pendant une période de cinq ans[2], dans les eaux de Magellan, de l'archipel de Chiloé et des îles de Juan Fernandez. Exercée de nouveau, depuis 1898, cette industrie est maintenant en pleine activité et procure un travail rémunérateur à de nombreuses familles.

Parmi les autres manifestations de la vitalité coloniale, on trouve un peu d'agriculture et quelques établissements d'élaboration de graisse de mouton et de volaille de basse-cour.

2. LA POPULATION BLANCHE DU TERRITOIRE DE MAGELLAN

Les personnes que le progrès industriel du territoire de Magellan[3] a attirées vers ce pays ont formé, en se fixant près de leurs occupations, une population rurale et une petite ville.

Les habitants de la campagne, qu'on peut éva-

1. *Codigo Civil*, article 611.
2. *Memoria del gobernador de Magallanes*, *Mariano Guerrero Bascuñan*, 1897, t. I, p. 199.
3. Le territoire de Magellan comprend toute la partie du Chili située entre le parallèle 47 et le cap Horn, la République Argentine, l'Atlantique et le Pacifique.

luer à trois mille, sont disséminés sur divers points
de la colonie et généralement groupés dans les
fermes et dans les usines, sauf un petit nombre
d'entre eux qui réside à Porvenir[1], village fondé,
en 1894, au fond d'une baie que la Grande île de la
Terre du Feu forme presque en face de Punta Arenas. Ils travaillent tranquillement, sans avoir, pour
ainsi dire, à payer aucun impôt et sans être autrement inquiétés que par la rigueur du climat. Les
éleveurs de bétail à laine ont, cependant, quelque
peu à souffrir à cause du contact avec les indigènes
qui, dépossédés de leurs vastes domaines, trouvent
difficilement leur subsistance dans les étroites limites qu'ils peuvent encore parcourir librement et,
soit par besoin, soit par haine contre leurs successeurs, ou voire même parce qu'ils confondent le
mouton avec le *guanaco* quadrupède qui autrefois
abondait dans la contrée, attaquent les troupeaux
et y font parfois beaucoup de mal, bien que les ber-
gers, conseillés par leurs patrons et se croyant dans
le cas de légitime défense établi par le numéro 6 de
l'article 10 du Code Pénal chilien, repoussent ces
agressions au moyen d'armes à feu et tuent ou
blessent fréquemment des agresseurs.

Pour éviter, dans la mesure du possible, que
maints animaux soient détruits et afin de sauver la

[1] Décret du ... juin 1894. *Diario Oficial* du ... juillet 1894.
p. 1844.

vie à quelques sauvages, le ministre des affaires étrangères et des colonies a résolu, le 2 juin 1898, de prendre tous les Onas et de les transporter dans l'île de Dawson ou dans la Patagonie ; et maintenant il est question d'étendre cette disposition aux fuégiens Alacalufes, parce que leur présence, dans les canaux occidentaux, est peu rassurante pour les pêcheurs et pour les petits bateaux.

Si ces projets venaient à se réaliser, la navigation du détroit de Magellan serait un peu plus sûre pour la batellerie locale.

La population urbaine du territoire de Magellan, qui est à peu près de quatre mille âmes, se trouve toute concentrée dans Punta Arenas, ville dans laquelle nous nous arrêterons quelques instants, parce qu'elle est la plus australe du monde[1], la capitale de la colonie et un port de mer de grand avenir.

3. PUNTA ARENAS

La ville de Puerta Arenas, composée d'employés ou de fonctionnaires publics, de commerçants, de gens de métier et de quelques propriétaires ou fermiers des environs, remplit dignement le rôle de chef-lieu du territoire de Magellan, tant au point de vue de la civilisation que de la prospérité. Mais

1. Elle est située à 53 degrés de latitude et 70°5? de longitude.

c'est sous son aspect mercantile qu'elle est plus particulièrement intéressante.

Placée sur le bord et presque au milieu de la longueur du canal qui fait communiquer les deux
Océans, elle est, pour ainsi dire, l'escale forcée des
navires qui passent par cette route maritime en
même temps que la pourvoyeuse de toute la partie
de l'Amérique australe, comprise entre le parallèle
quarante-sept et le cap Horn, où elle n'a à craindre
que la concurrence que pourra lui faire un jour le
village argentin de Puerto Gallegos [1], situé au sud-
est de la Patagonie, qui actuellement est son client.

Punta Arenas occupe donc une position commerciale de premier ordre. Elle saura certainement en
profiter afin de progresser rapidement ; comme,
d'ailleurs, elle le fait depuis longtemps rien qu'en
remplissant sa mission mercantile, qui consiste à
réunir et à envoyer aux marchés lointains les produits de la colonie et à recevoir et à faire circuler
les marchandises du dehors que le pays consomme.

Dans ce genre d'opérations, la capitale du territoire de Magellan fit, en 1896, pour 5.518.611,00
pesos [2] d'affaires 2.306.266,00, en exportations

1. Alberto Lagalde « El Boycotteo » al comercio chileno
en Magallanes *El Mercurio* du 19 novembre 1907, édition de
Santiago.

2. À cette époque, le peso valait en *franc* quatre vingt-trois
centimes, cours du change.

et 3.122.375.00 en importations. Sommes qu'elle a atteint par le commerce maritime seul, et l'unique auquel elle ait, jusqu'à présent, pu se livrer avec les autres peuples de la terre, parce qu'elle n'a jamais eu de rapports avec aucun d'eux que par la voie du détroit [1].

Le mouvement mercantile, déjà très important, de Punta Arenas doit nécessairement augmenter à mesure que la colonie progresse, lors même que cette ville perdrait le privilège de *port libre de droits d'entrée et de sortie*, dont elle jouit, en vertu d'un décret du 2 décembre 1867, comme elle en est menacée par une loi [2], exécutoire depuis le 1er juin 1899, mais non encore en vigueur, qui la soumet au régime d'ananter relativement à l'importation de certains articles exotiques, pouvant être remplacés par d'autres, pareils ou similaires, de provenance chilienne, ou étant exclusivement propres au jeu, parce que le territoire du Magellan ne vit, pour ainsi dire, que de produits étrangers qui, en général, lui arrivent d'Europe en échange des matières premières qu'il y expédie.

L'accroissement des affaires dans la colonie,

1. *Boletin de las Leyes*, 1896, p. 7. — *Diario Oficial* du 14 février 1896.

2. Loi du 2 février 1899, publiée par *El Ferrocarril* du 5 février 1899

3. La loi en nombre 57, mais, en y regardant de près, on en compte une soixantaine.

créant de nouveaux frets, ne peut, à son tour, qu'attirer de plus en plus les bateaux marchands vers le sud de la Magellanie et ajouter, par suite, à l'importance commerciale considérable qu'a le détroit de Magellan Canal qui, par sa situation géographique, est la route naturelle de la navigation à vapeur entre l'Europe et les États américains de l'Atlantique et les Républiques du Pacifique et voire même la Nouvelle-Zélande, et doit, en conséquence, être fréquenté par un nombre toujours croissant de vaisseaux, à cause du développement du commerce maritime entre ces pays, comme, d'ailleurs, il l'a été pendant la seconde moitié du dix-neuvième siècle, car, si seulement 96 navires y passèrent en 1850, 468 le parcoururent en 1896, dont 327 jaugeant ensemble 663.280 tonneaux mouillèrent à Punta Arenas.

La navigation du détroit de Magellan est, en outre, susceptible d'augmenter par l'établissement d'un service de remorquage, destiné à conduire, par cette voie, les voiliers qui doublent le cap Horn [1],

1 On croit que ce service, établi dans de bonnes conditions, serait, en même temps, rémunérateur et humanitaire. Car, sur 1.425 bateaux à voiles qui, en 1895, ont doublé le cap Horn : 48, représentant une valeur de 414.528 livres sterlings, se sont totalement perdus en engloutissant un grand nombre de personnes ; 21, sérieusement avariés, ont dû faire escale pour se réparer, ce qui a occasionné une dépense de 30.750 livres sterlings ; les autres n'ont pas eu trop à souffrir et ont, en

qu'un décret du 1er août 1896[1] a concédé à un particulier[2]. Mais elle diminuera vraisemblablement un peu par suite de l'achèvement du canal de Panama.

Nous terminons ici les renseignements relatifs au sujet de notre thèse, que la distance énorme qui nous sépare du lieu où il se déroule, nous a fait considérer comme étant presque indispensables,

moyenne, mis 13 jours pour se rendre du parallèle 53, dans l'Atlantique, au même degré de latitude, dans le Pacifique.

1. *Diario Oficial* du 9 août 1896, p. 1218.
2. *Diario Oficial* du 11 septembre 1896, p. 1878.
3. Environ 125 degrés : 101 de latitude et 24 de longitude.

PREMIÈRE SECTION

Découverte et histoire sommaire du détroit de Magellan

CHAPITRE PREMIER

DÉCOUVERTE DU DÉTROIT DE MAGELLAN

1. Découverte de la Mer du Sud ou Océan Pacifique

Pendant que les Portugais cherchaient au sud de l'Afrique un chemin pour aller aux Indes, Christophe Colomb, basé sur le principe de la sphéricité de la terre, acquit la certitude d'arriver aux mêmes péninsules en naviguant vers le sud-ouest.

Aussi, lorsque, le 12 octobre 1492, ce célèbre navigateur découvrit l'Amérique, il crut se trouver sur les côtes orientales du pays en vue duquel il avait entrepris son voyage. Idée, d'ailleurs, que ses contemporains partagèrent sans difficulté et de laquelle il reste encore des traces dans le qualificatif qu'on a pour habitude de donner aux Indigènes du Nouveau-Monde [1] en même temps que dans le nom dont les Anglais font usage pour désigner les Antilles [2].

Mais l'explicable erreur dans laquelle Christophe Colomb est tombé ne pouvant durer longtemps, parce que les intrépides conquérants de l'Amérique méridionale, poussés par le désir d'étendre de plus en plus leur nouvel empire et d'en reconnaître la configuration géographique, devaient bientôt s'apercevoir qu'à une courte distance du lieu où ils avaient débarqué pour prendre possession du continent, se trouvait un Océan beaucoup plus vaste que celui qu'ils avaient eu à traverser pour arriver jusqu'à la Colombie.

En effet, peu d'années après que trois expéditions successives dans le sud de l'Atlantique, dont la dernière avait avancé jusqu'au 40° degré de latitude, eurent constaté que la côte orientale de l'Amérique s'inclinait d'une manière constante vers le sud ouest, Vasco Nuñez de Balboa découvrit la Mer du Sud en parcourant les hauteurs de l'isthme de Panama, de laquelle il prit possession au nom de la

1. On les appelle *Indiens*.
2. *West Indies*.

couronne de Castille, le 27 septembre 1513, en y entrant jusqu'aux genoux et en tenant son épée d'une main et le drapeau espagnol de l'autre.

Ce mémorable événement géographique eut pour conséquence immédiate de démontrer que les nouvelles colonies espagnoles et les Indes étaient des terres différentes et séparées par une énorme étendue d'eau ; et, combiné avec la remarque relative à la direction de la côte du Brésil, que les marins venaient de faire, il répandit la croyance que l'Amérique méridionale devait se terminer en pointe.

Dès que la découverte de Balboa fut connue dans la métropole, les Rois d'Espagne éprouvèrent le désir de faire explorer l'Océan qui en avait été l'objet et dont ils croyaient être les souverains, et sentirent, par suite, le besoin de favoriser les expéditions destinées à trouver un chemin qui y conduisît leurs navires.

2. Les bulles pontificales et le traité de Tordesillas

A côté de la raison, capable de provoquer la recherche d'une voie maritime faisant communiquer l'Atlantique et la Mer espagnole[1], que nous venons d'indiquer, il y en avait une autre, égale-

1. La « Spanish sea » des Anglais.

ment sérieuse, dérivant de bulles pontificales et d'un traité, dont nous allons dire quelques mots, qui réservaient à la marine du Portugal l'usage de la route orientale des véritables Indes.

Comme, afin d'encourager les Portugais à continuer l'ère de la grande navigation, le Pape Nicolas V leur octroya, par une bulle de 1454, la pleine propriété des conquêtes qu'ils feraient sur les infidèles, les Espagnols sollicitèrent du souverain Pontife une concession semblable à l'égard des pays qu'ils découvriraient.

Sur cette demande, le Pape Alexandre VI promulgua, en 1493, les fameuses bulles par lesquelles il partagea la surface du globe au moyen d'une ligne imaginaire, à laquelle on donna bientôt la valeur d'un méridien, tiré de pôle à pôle et passant à cent lieues à l'occident des îles Açores et attribuait : à l'Espagne, la souveraineté de toutes les possessions qu'elle trouverait à l'ouest de cette démarcation et au Portugal, la propriété des découvertes qu'il ferait à l'est.

Bien que la délimitation pontificale n'ait jamais été sérieusement respectée, elle eut cependant, pendant longtemps, une grande valeur doctrinale qui constituait un obstacle à ce que les Espagnols prissent la route du levant pour se rendre aux Indes, et elle servit de base au traité, signé à Tordesillas, en 1494, par lequel les gouvernements de

Madrid et de Lisbonne sont convenus que la ligne de séparation de leur empire colonial passerait désormais 270 lieues plus au couchant qu'auparavant.

Voilà donc des territoires, pour ainsi dire, inconnus, et dont on ne pouvait calculer ni l'étendue ni l'importance, divisés, théoriquement, entre deux nations.

Au moment où le partage se fit, comme la marine portugaise n'avait exploré la côte africaine guère au delà de l'équateur, on crut que le meilleur lot était échu à l'Espagne ; mais, après que Vasco de Gama eut, en 1498, doublé le cap de Bonne-Espérance et trouvé le chemin des Indes, on ne tarda pas à se convaincre du contraire, parce que ces pays, riches et peuplés d'habitants d'un état de civilisation assez avancé, abondaient en produits variés, et très appréciés, que les bateaux portugais accumulaient à Lisbonne et dans les autres ports du royaume, tandis que l'Amérique, alors stérile, renfermant seulement des tribus presque sauvages, plus ou moins considérables, ne donnait rien qu'une quantité d'or insuffisante à couvrir les frais que sa colonisation entraînait.

La vue des trésors que les Portugais retiraient de leurs nouvelles possessions stimula les Espagnols à chercher une voie de communication entre l'Atlanlique et la Mer du Sud[1] qui leur permit de faire voile à l'occident et d'arriver aux Indes afin d'y échanger les produits nationaux contre les précieuses marchandises qu'ils convoitaient.

A cet effet, une escadre, composée de trois navires et commandée par Juan Diaz de Solis, partit du port de Huelva, le 8 octobre 1515, et avança, sans difficulté, jusqu'à l'embouchure du Plata, fleuve que l'amiral prit pour la route maritime qu'il cherchait et dont il essaya d'explorer les rives avec un seul bâtiment ; mais, étant encore dans son estuaire, Diaz de Solis commit l'imprudence de débarquer, car, aussitôt descendu à terre, il fut assailli par une bande de sauvages, qui s'étaient cachés dans les broussailles, mis à mort et immédiatement rôti et mangé, dans un festin, en même temps que les huit hommes qui l'accompagnaient. Après ce désastre, le reste de l'expédition décida de rebrousser chemin et s'en retourna en Espagne où la nouvelle de la catastrophe refroidit considérablement les partisans du projet de doubler la pointe sud du continent américain.

Aussi, l'entreprise, que d'aucuns qualifiaient de chimérique, fut-elle négligée et aurait-elle, vraisemblablement, tardé longtemps à être exécutée si un homme, doué d'un génie spécial, possédant

---

1 Le nom de « Pacifique » lui fut donné plus tard.

tous les secrets de l'art nautique, l'énergie et la prudence nécessaires pour commander et pour se faire obéir, ne s'était présenté. Cet homme fut Magellan, navigateur éminent et peut-être le plus grand après Christophe Colomb.

3. Fernand de Magellan

De nationalité portugaise, Fernand de Magellan, issu d'une famille distinguée, naquit à Saborosa vers l'an 1480. Entré très jeune dans l'armée de son pays, en 1505 il fut envoyé aux Indes orientales, en qualité de simple soldat, dans une expédition mise sous les ordres du général Francisco de Almeida, premier vice-roi de ces colonies, et au cours de la traversée il prit part à la bataille de Quiloa, en sortant du canal de Mozambique.

Revenu, trois ans après, dans sa patrie, Magellan s'embarqua de nouveau, en 1509, pour Malacca où, avec le grade de capitaine, on le vit figurer dans un conseil d'officiers, relatif à un projet d'attaque contre Goa, tenu par le général en chef et gouverneur des Indes, Alfonso de Alburquerque, qui ne put jamais lui pardonner de s'être prononcé contre l'expédition, comme l'indique un rapport que ce haut représentant du pouvoir royal adressa à son souverain, dans lequel se trouvaient des renseignements peu favorables pour le futur navigateur, quoique sa conduite, pendant tout le cours de la campagne indiquée, fût digne d'éloges.

Fernand de Magellan, comprenant que la rancune de son chef l'empêcherait d'avoir de l'avancement dans les Indes, revint en Portugal et, dans l'espoir d'acquérir de la renommée en même temps qu'un poste à la hauteur de son mérite, s'incorpora dans l'expédition contre le Maroc de 1514. Mais cette guerre, loin de lui procurer les récompenses qu'il en attendait, lui valut une grave blessure, qui le rendit boiteux pour le reste de sa vie, et l'outrageante accusation d'entretenir des relations secrètes avec l'ennemi. Tourmenté par cette injure, il s'est absenté, sans permission, pour aller inutilement à Lisbonne dans le but de présenter ses doléances au Roi, car don Manuel refusa de l'écouter et lui ordonna de rejoindre son corps d'armée afin de se justifier devant le tribunal militaire qui devait le juger.

De retour en Afrique, Magellan fut reconnu innocent et ses juges l'acquittèrent. Mais il se sentit profondément irrité à cause des injustices dont il avait été l'objet et, dans l'espoir de mettre un terme à tant de contrariétés, il obtint un congé illimité et rentra dans ses foyers, où il jouissait de la petite pension de retraite que le Roi avait pour habitude d'accorder à ses serviteurs vulgaires. Croyant avoir droit à un traitement meilleur, il demanda une légère augmentation de la rente que lui servait son souverain, sans certainement se douter qu'au lieu d'aboutir au résultat désiré, cette démarche allait exciter ses ennemis à le calomnier à la Cour de Lisbonne et à lui faire perdre tout son prestige militaire et moral auprès du gouvernement portugais.

Ces faits firent comprendre à Magellan que sa carrière était finie dans sa patrie et le décidèrent, en grande partie, à aller offrir ses services à une nation étrangère.

4. Magellan conçoit le projet de découvrir une route au sud de l'Amérique pour arriver aux Indes

Indigné d'avoir à occuper un rang social inférieur à celui qui lui correspondait, Fernand de Magellan se retira dans la vie privée dans l'intention de se faire une position en harmonie avec ses capacités par l'exécution d'un projet hardi que son esprit caressait depuis longtemps.

Pendant son séjour aux Indes, cet homme de génie s'était occupé attentivement de la géographie descriptive et agricole de la région et avait remarqué que les produits de ces pays les plus appréciés en Europe ne venaient pas de l'Hindoustan, mais des îles Moluques, situées beaucoup plus à l'est.

Or, cette constatation est l'origine de l'immortalité de Magellan, comme aussi celle de certains reproches, très durs et assurément immérités, que quelques-uns de ses compatriotes lui ont adressés.

En effet, d'une lettre qu'il reçut de son ami Francisco Serrao, premier explorateur des Moluques, dans laquelle la distance qui sépare ces îles de la côte orientale de Malacca avait été considérablement exagérée, Fernand de Magellan déduisit que l'archipel en question devait se trouver dans l'hémisphère réservé à l'Espagne par le traité de Tordesillas et, guidé par un sentiment de justice pure, il conçut le projet d'aller en prendre possession au nom de la couronne de Castille en passant par le sud-ouest de l'Atlantique. Quoique la réalisation de son plan impliquât la nécessité de découvrir une route maritime entre les deux Océans, à travers ou au delà de l'Amérique méridionale, il ne craignait nullement de ne pas pouvoir l'exécuter, parce qu'il était certain que cette voie de communication existait, à moins que la loi de la configuration des continents ne fût trompeuse.

Pour former sa conviction, Magellan était parti de cette idée logique que : à l'exemple de l'Afrique, de l'Hindoustan et de Malacca, l'Amérique devait avoir la forme d'une pyramide dont le sommet se trouvait au sud. Hypothèse, d'ailleurs, que la direction de la côte orientale du Brésil rendait tout à fait vraisemblable.

5. Le Roi d'Espagne fournit une escadre à Magellan

Après avoir cessé de faire partie des cadres actifs de l'armée portugaise, Fernand de Magellan s'était adonné à l'étude approfondie de la cosmographie et de l'art nautique. A Lisbonne, il eut de fréquentes relations avec le bachelier Ruy Falero, astronome également mécontent du peu d'égards qu'il trouvait auprès du Roi. Déjà rapprochés par la parité de ressentiments, ces deux hommes ne devaient pas tarder à s'unir par d'autres liens plus intimes. En effet, l'amitié s'étant bientôt produite entre eux, Magellan confia son projet à Falero en lui proposant de le réaliser en commun et de partager les bénéfices qu'il était susceptible de produire. L'offre fut vite acceptée et suivie d'une association verbale qui allait prendre plus tard sa forme définitive.

Quand ils eurent concerté l'entreprise, les deux associés songèrent à son exécution et, dans l'espoir d'obtenir avec moins de difficultés les éléments indispensables pour la mener à bonne fin, ils résolurent d'abandonner leur patrie pour aller s'établir en Espagne, non d'une manière transitoire, mais en abdiquant leur nationalité afin de devenir citoyens espagnols avec toutes les formalités légales, et ils partirent ensuite pour Séville où, suivi de près par Falero, Magellan arriva le 20 octobre 1517.

La ville de Séville était, à cette époque, le centre des expéditions aux Amériques : le lieu de résidence du Conseil des Indes et le siège d'un grand Bureau [1], chargé de connaître des demandes relatives à l'exploration de régions inconnues, qu'on peut appeler *des nouvelles découvertes*.

Lorsque les deux amis furent dans la capitale de l'Andalousie, ils s'adressèrent au *Bureau des nouvelles découvertes* où ils exposèrent leur projet et demandèrent une escadre pour le réaliser. Mais, comme à l'appui de leur conviction ils ne pouvaient fournir d'autres preuves que des raisons difficiles à accepter, on les prit pour des aventuriers ordinaires et on les éconduisit.

Ce premier échec aurait certainement fait avorter l'entreprise, sans le concours de deux personnes dévouées et d'une circonstance favorable. A Séville, Magellan avait épousé la fille d'un de ses compatriotes, nommé Jacques Barbosa, en qui le gouvernement espagnol devait avoir une grande confiance, puisque, malgré sa qualité d'étranger, il l'avait élevé au poste de gouverneur de l'Alcazar de cette ville. L'importante position sociale attachée à l'em-

---

[1]. Diego Barros Arana, *Historia Jeneral de Chile*, t. I, p. 125. Connu sous le nom de « Casa de contratacion » il existait à Séville un grand bureau auquel les monarques espagnols avaient confié toutes les affaires relatives aux nouvelles découvertes.

ploi qu'occupait Barbosa, partisan enthousiaste du projet de son gendre, a largement contribué à décider Juan de Aranda, membre très influent du Conseil des Indes, à protéger l'affaire et à écrire au Souverain pour le prier d'accueillir favorablement la demande que Fernand de Magellan allait bientôt lui faire en personne.

Les circonstances ne pouvaient mieux favoriser une recommandation de ce genre, car elle était adressée au jeune Charles d'Autriche, prince intelligent, ambitieux et admirateur des grandes entreprises, depuis peu de temps à la tête du gouvernement espagnol, qui, nécessairement, devait désirer de posséder l'archipel aux épices.

Le Roi d'Espagne résidait alors à Valladolid, ville où Magellan et Falero se rendirent, vers le 15 février 1518, dans le but de solliciter l'autorisation d'entreprendre le voyage, si mémorable sous tant d'aspects, et d'obtenir de la couronne l'appui nécessaire pour l'exécuter.

Introduits d'abord, par l'évêque de Burgos, auprès du grand chancelier de Castille, Jean Sauvage, chevalier flamand qui était dépositaire de toute la confiance du nouveau monarque, les deux Portugais ne purent se faire présenter au Souverain que dans la seconde quinzaine du mois de mars.

Dans la première conférence qu'ils eurent avec le Roi, Magellan était muni d'un globe terrestre destiné à prouver à Charles-Quint qu'en passant par l'occident on pouvait aller aux Moluques de la même manière que les Portugais s'y rendaient en prenant la route de l'orient, et Falero avait un compas afin de démontrer par un mesurage exact que ces îles se trouvaient dans l'hémisphère réservé à l'Espagne par le traité de Tordesillas. Ces points acceptés, restait encore à savoir si réellement il y avait une voie de communication entre les deux Océans. Lorsqu'au cours de l'entrevue il s'éleva des doutes à cet égard, Magellan les réfuta en déclarant que, dans la trésorerie du Roi du Portugal, il y avait vu une carte marine, dessinée par un géographe de grand mérite, appelé Martin Bohemia, dans laquelle figurait un détroit qui unissait l'Atlantique et la Mer du Sud. Affirmation que la critique moderne est moins disposée à prendre au pied de la lettre que comme un moyen ingénieux dont l'auteur se serait servi pour donner plus de force à son projet afin de le faire accepter par la couronne.

Si tel était le plan, il faut reconnaître qu'il réussit à merveille, car, après une autre conférence, tenue à Saragosse, Magellan et Falero obtinrent ce qu'ils demandaient.

En effet, le 22 mars 1518, le Roi d'Espagne rendit un décret par lequel il autorisait le départ d'une expédition destinée à aller prendre possession des îles Moluques [1], à moins que cet archipel ne fût situé dans la partie du monde appartenant au Portugal [2].

L'idée de la revendication étant acceptée, il fallait organiser les éléments nécessaires à sa réalisation. Le monarque pourvut à ce besoin en armant et en approvisionnant une escadre composée de cinq navires, dont Magellan et Faléro furent nommés capitaines. Outre ce grade, déjà très important, ils reçurent celui de *gouverneur* des terres qu'ils découvriraient; titre et prérogatives que l'ex-soldat des Indes obtint pour lui et pour ses enfants. Mais, pour éviter que des rivalités surgissent entre officiers supérieurs et missent en péril le succès de l'entreprise, Magellan fut investi du commandement en chef de la flotte et subrogé à l'autorité royale pendant la durée du voyage et, en conséquence, il avait un pouvoir absolu sur ses subordonnés, sans en exclure le droit de vie et de mort.

Au point de vue pécuniaire, les deux Portugais ne furent pas moins bien traités; car, en plus des appointements fixes qu'ils avaient, le gouvernement espagnol leur concéda le privilège exclusif de parcourir pendant dix ans, concurremment avec la marine de l'État, la route des Moluques qu'ils trouve-

1. J. T. Medina, *Coleccion de documentos ineditos para la Historia de Chile*, t. I, p. 5.
2. Diego Barros Arana, *Historia Jeneral de Chile*, t. I, p. 148.

raient par l'Amérique du Sud; le cinquième des
bénéfices du premier voyage et le vingtième des rentes que produiraient les îles qu'ils découvriraient,
mais dans le cas où celles-ci seraient plus de six, ils
avaient droit au quinzième du revenu des deux d'entre elles qu'ils désigneraient.

Voilà à peu près, les conditions sous lesquelles
l'expédition pour l'archipel aux épices allait se faire;
mais jusqu'à présent elles ne nous apparaissent qu'en
forme de concession officielle, sans que nous ayons
vu Magellan et Falero s'engager envers le monarque.
Ceux-ci consignèrent les garanties corrélatives aux
avantages qu'ils recevaient de la couronne dans un
acte notarié, aux termes duquel ils formèrent une
société entre eux pour aller découvrir des terres au
nom du Roi, se réservèrent certains bénéfices et
s'obligèrent à respecter les colonies appartenant à
Sa Majesté Portugaise.

Le but de l'entreprise était donc de procéder à la
découverte de nouveaux territoires et de prendre
possession des îles Moluques, dans le cas où elles
auraient été situées dans l'hémisphère espagnol. La
recherche d'un passage maritime au sud de l'Amérique ne revêtait, par suite, qu'un caractère secon-
daire, bien qu'elle dût, d'abord, être faite.

Si la question préliminaire n'était pas susceptible
de susciter de controverse internationale, il n'en
était pas de même de la principale; car elle allait

faire naître le besoin d'établir, d'une manière scientifique, quel était le véritable souverain des Moluques, matière réputée comme impossible à élucider à cause des difficultés qu'on éprouvait pour déterminer les longitudes. Aussi, afin d'éviter la survenance de conflits désagréables, le Roi du Portugal chargea son ambassadeur en Espagne de faire des démarches auprès de Charles-Quint pour décider ce monarque à révoquer la concession et ordonna, en même temps, à son agent à Séville de faire de brillantes offres à Magellan pour le cas où il aurait consenti à rompre avec la couronne de Castille et à reprendre du service dans sa patrie. Mais, quoique très habilement conduites, ces négociations furent inutiles, parce que, tant d'un côté que de l'autre, elles se heurtèrent à une volonté arrêtée d'une façon inébranlable.

Voyant que, par des moyens directs, ils ne pouvaient pas arriver au résultat désiré, les émissaires du Portugal essayèrent de faire avorter l'expédition en répandant des nouvelles destinées à la discréditer aux yeux des personnes qui devaient y prendre part.

Pendant que les Portugais manifestaient ainsi le mécontentement avec lequel ils voyaient des compatriotes se mettre au service du Roi de Castille, les Espagnols déploraient que la direction d'une entreprise éminemment nationale eût été confiée à des étrangers, par leur souverain, et les officiers du

Bureau des nouvelles découvertes, chargés de l'équi-
pement des navires en partance, dissimulaient mal
leur intention d'empêcher que l'escadre se mît en
route, puisqu'ils créaient des difficultés afin de ne
pas procéder à son approvisionnement.

8 Découverte du détroit de Magellan

a) *Départ de l'escadre.* — Après que la ferme
volonté royale et l'infatigable énergie de Magellan
eurent surmonté tous les obstacles, l'escadre pût,
enfin, s'organiser définitivement. Elle se composait
de cinq navires : la *Trinidad*, capitaine Fernand de
Magellan ; le *San Antonio*, capitaine Jean de Cartagena qui, en même temps, remplissait les fonctions
de commissaire général de la flotte ; la *Conception*,
capitaine Gaspar de Quezada ; la *Victoria*, capitaine
Louis de Mendoza et le *Santiago*, capitaine Jean
Rodriguez Serrano. Ces divers bâtiments devaient
emporter des provisions suffisantes pour une traversée de deux ans ; mais leur personnel, réuni, ne
pouvait pas dépasser 235 hommes.

Magellan, en sa qualité de commandant en chef,
avait le chevalier Antoine Pigafetta et le pilote
André San Martin à côté de lui pour occuper respectivement les emplois de chroniqueur et de cosmographe de l'expédition

Quant à Faleiro, comme, à cause de son caractère

méfiant et rancunier, il avait déjà provoqué des discordes, il reçut l'ordre du Roi de rester à terre sous prétexte que ses services pouvaient y devenir nécessaires.

L'escadre de Magellan partit du port de San Lucar de Barameda, le 20 septembre 1519, et, guidée par le vaisseau-amiral, elle s'éloigna des côtes de l'Espagne, toucha aux Canaries et passa les îles du Cap Vert sans que des incidents dignes d'être mentionnés lui fussent survenus. Mais, quand elle fut arrivée dans les eaux brésiliennes, Jean de Cartagena se révolta, fut destitué, par un conseil de guerre, et remplacé, d'abord par Antoine de Coca, puis par Alvaro de la Mezquita, parent très proche du commandant en chef.

Ce petit contretemps, suivi de près d'une querelle, à bord de la *Concepcion*, qui fit condamner à mort et exécuter un des officiers subalternes, ne put paralyser la marche de la flotte; aussi, elle côtoya le Brésil, fit escale à Rio de Janeiro pour y prendre des vivres et de l'eau douce et alla mouiller dans l'embouchure du Plata, le 10 janvier de l'année suivante. Là, Magellan resta un mois afin de se rendre compte si l'entrée de la voie de communication interocéanique qu'il cherchait se trouvait dans l'estuaire de ce fleuve; ensuite il se dirigea vers le sud, en explorant attentivement la côte et les baies, et avança péniblement jusqu'au 49°13' de latitude su-

surpris par la mauvaise saison, il entra, le 31 mars, dans un port, qu'il appela de Saint-Julien, dans lequel il eut à réprimer une révolte terrible.

Le lendemain de l'arrivée de la flotte dans ce refuge, trois des navires qui la composaient, obéissant aux ordres de Jean de Carthagena, prisonnier, que son gardien avait dégagé de ses fers, se déclarèrent en rébellion ouverte contre l'autorité du commandant en chef dans le but de rebrousser chemin pour se rapatrier. Et le plan aurait vraisemblablement réussi sans l'habileté extraordinaire de Magellan qui, avec les deux bâtiments dont il disposait, s'empara des bateaux insurgés et fit immédiatement passer par les armes les principaux rebelles.

Cette conspiration était à peine conjurée qu'on s'aperçut que l'aumônier de l'expédition en tramait une nouvelle; mais, comme l'amiral n'osa faire subir la peine capitale à un homme qui avait reçu les ordres sacrés, il débarqua à terre ce prêtre et un de ses complices et les y abandonna.

La discipline rétablie à bord, les Espagnols passèrent près de cinq mois dans le port de Saint-Julien. Pendant ce long séjour, ils se consacrèrent particulièrement à deux objets aussi différents en apparence que semblables dans le fond : ils fréquentèrent les Indigènes, qui certainement leur firent comprendre que non loin de là il y avait un canal faisant communiquer les deux Océans, auxquels ils donnèrent le nom de Patagons [1] à cause de l'énorme empreinte que leurs chaussures laissaient sur la neige ou sur le sable ; et ils s'occupèrent à radouber convenablement leur escadre, afin qu'elle pût sûrement continuer le voyage. Mais lorsque, le 24 août, ils levèrent l'ancre, leurs bâtiments étaient réduits à quatre, parce que le *Santiago*, envoyé en éclaireur, fut jeté sur la côte, par une tempête, et s'y brisa.

Deux jours après s'être remis en marche, le convoi entra dans le Santa Cruz afin de se mettre à l'abri de la tourmente, qui sévissait d'une façon inquiétante, de voir si ce fleuve recélait le détroit supposé, de réparer les dégâts que les vagues et le vent venaient de faire à deux vaisseaux et de renouveler les provisions en bois, en eau et en poisson.

b) *Découverte d'un détroit interocéanique.* — Avant de sortir, le 18 octobre, du fleuve Santa-Cruz, Magellan repoussa les idées de retourner en arrière et d'abandonner l'entreprise ou d'aller aux Indes en passant par le cap de Bonne-Espérance, que quelques-uns de ses subordonnés lui avait soumises, et, en vérité, il eut raison, parce qu'il était tout près

1. De là est venu le mot *Patagonie*, employé par les géographes pour désigner la vaste région que parcouraient ces nomades.

de la route cherchée et devait bientôt la trouver.

En effet, le 21 dudit mois, il découvrit un cap, derrière lequel s'étendait une large baie qui semblait avancer beaucoup dans les terres.

Dès que l'amiral aperçut ce grand bassin, il y envoya deux navires pour l'explorer et attendit leur retour en face du promontoire, auquel il venait de donner le nom de cap des *Onze mille Vierges* et qui, aujourd'hui, est appelé simplement cap des *Vierges*. Les bâtiments explorateurs, entraînés par la marée et poussés par une tempête épouvantable qui les surprit, pendant la nuit, près de l'Atlantique, firent une cinquantaine de lieues entre les terres et revinrent, au bout de trois jours, complétement pavoisés et avec toutes les voiles déployées, en signe de joie, pour annoncer à Magellan *qu'ils n'avaient pas pu trouver la fin du golfe, mais que le courant de ses eaux prouvait, jusqu'à l'évidence, que c'était un détroit long et tortueux.*

A la réception de cette importante communication, le commandant en chef réunit ses capitaines et ses pilotes en conseil pour leur demander, à titre simplement consultatif, ce qu'il avait à faire et leur dire, auparavant, qu'il ne restait de provisions que pour trois mois.

Sur l'avis favorable à la continuation de l'entreprise que tous ces officiers lui donnèrent, sauf un, Étienne Gomez, qui exprima le désir de retourner en Espagne. Magellan fit publier un ordre du jour menaçant de la peine de mort quiconque parlerait des difficultés du voyage ou du manque de vivres et entra, le 1er novembre 1520, dans le détroit, qu'en commémoration de la fête de ce jour il appela *de la Toussaint*. Mais cette dénomination et celle qu'un autre capitaine lui donna plus tard n'ont pu résister au besoin de perpétuer la mémoire d'un grand navigateur dont la renommée ne con naissait, pour ainsi dire, pas de limites ; aussi, les chroniques, les cartes géographiques et la postérité ont désigné ce bras de mer par le nom du marin qui le découvrit ; ce qui fait que le détroit de la Tous saint s'appelle aujourd'hui *détroit de Magellan*.

Les Espagnols parcoururent environ le tiers de la longueur du canal sans avoir d'événements nota bles à enregistrer ; cependant ils donnèrent le nom de *Terre du Feu* à la côte méridionale, à cause des fréquentes flammes qu'ils y voyaient briller. Mais, quand ils arrivèrent en face l'île de Dawson, il survint un incident qui faillit amener la ruine de l'expédition. Comme à cet endroit le détroit semble se bifurquer, Magellan chargea deux des bateaux, le *San Antonio* et la *Conception*, de voir si le bras du sud-est conduisait à la mer, et de l'attendre au cap Valentin, tandis que, dans le même but, il s'engageait, avec les deux autres navires, dans la voie du sud-ouest, pour n'aller, il est vrai, que jusqu'à l'extrémité du continent américain, car, ayant remarqué que le canal se dessinait nettement et prenait la direction du nord-ouest, il le fit reconnaître par un canot qui, trois jours après, lui annonça avoir atteint l'Océan, et s'arrêta au cap Froward pour renouveler ses provisions en eau, en poisson et en bois avant de regagner le lieu du rendez-vous, où, lorsqu'il y retourna, il eut le regret de ne pas rencontrer le *San Antonio*.

N'osant supposer une défection de la part de son capitaine le plus fidèle, l'amiral crut que ce bâtiment, le meilleur et le mieux approvisionné de sa flotte, s'était égaré ou avait fait naufrage et, en conséquence, il fit des recherches actives afin de le retrouver ou de découvrir quelques traces du sinistre. Mais ses efforts n'aboutirent à aucun résultat parce que, dans la nuit du 8 novembre, une partie de l'équipage du vaisseau manquant, soulevée par le pilote Étienne Gómez, s'était emparée de son commandant, Alvaro de la Mezquita, l'avait mis aux fers et l'avait remplacé par Jérôme Guerra qui, agissant de concert avec le chef de la sédition, était parti pour l'Espagne au lieu d'aller rejoindre ses camarades.

Quoique Magellan ne pût admettre l'exactitude de cette triste vérité et qu'il eût toujours l'espoir de retrouver le *San Antonio*, comme l'indiquent les signaux et les avis qu'il laissa sur la côte pour faire connaître à de la Mezquita l'itinéraire qu'il pensait suivre, il se décida à marcher lentement vers l'embouchure occidentale du canal, quand il reconnut que les mesures destinées à secourir ce bateau étaient inutiles. Mais, avant d'entrer dans le Grand Océan, il voulut savoir jusqu'à quel point ses officiers supérieurs lui étaient encore dévoués et demanda, par lettre, à chacun en particulier, si, en tenant compte du bon service de Sa Majesté et de l'état de l'escadre, il était préférable de retourner en Espagne ou de poursuivre la route.

Toutes les réponses, à l'exception de celle du cosmographe San Martin, ayant été favorables à la continuation du voyage, Fernand de Magellan sortit du détroit, le 28 novembre, avec l'approbation de ses lieutenants et l'esprit considérablement réconforté. En passant, il donna le nom de *Cabo Fermoso* au promontoire que maintenant on appelle cap Pilar.

Magellan mit donc quatre semaines pour passer le détroit, espace de temps relativement court et notoirement insuffisant pour l'explorer, même médiocrement ; mais, si le but principal de l'entreprise ne lui permit pas de s'attarder afin de relever la carte marine du canal, il ne put l'empêcher de faire, sur ce bras de mer, de très utiles observations nautiques, que le cosmographe de l'expédition inscrivit soigneusement dans son journal, et d'emporter la conviction que ses rives méridionales étaient formées par un groupe d'îles de peu d'étendue.

e) *Mort de Fernand de Magellan.* — Aussitôt hors du détroit, l'escadre se dirigea vers les Moluques ; mais, comme son commandant se croyait beaucoup plus près qu'il n'était de ces îles, pour s'y rendre, il gouverna directement au nord, et ce ne fut qu'au 37° de latitude australe qu'il commença à faire du nord-ouest. Cette direction lui fit perdre l'occasion de rencontrer quelques-uns des archipels dont le Grand Océan est rempli, dans lesquels il aurait pu se procurer des provisions fraîches en abondance, et convertit la traversée en un des plus pénibles voyages que l'histoire mentionne, à cause des longues privations que les équipages eurent à endurer et des terribles maladies qui les décimaient.

Pendant les premiers cent dix jours de navigation dans la Mer du Sud, les Espagnols n'eurent, pour se désaltérer, qu'une eau corrompue et infecte, et ne goûtèrent pas un seul aliment frais ; leur biscuit n'étant plus qu'une poudre dont les vers avaient absorbé toute la substance, ils en arrivèrent à être obligés de manger les cuirs qui enveloppaient la grande vergue des navires, des rats et de la sciure de bois, pour ne pas mourir de faim. A cette péaurie s'ajouta bientôt le scorbut qui fit dix-sept victimes à bord.

Une circonstance, dont les conséquences s'imposeront éternellement à la mémoire de tout le monde, a cependant favorisé Magellan pendant cette longue partie de son voyage, c'est qu'il parcourut environ 4.000 lieues sans être contrarié par une seule tempête, raison pour laquelle il donna le nom de *Pacifique* à l'Océan qu'il traversait[1].

Après avoir côtoyé quelques rares îles inhabitées et sans ressources, les navigateurs touchèrent aux Mariannes, le 6 mai 1521, dans l'intention de se ravitailler et de prendre un peu de repos. Mais, comme, en jetant l'ancre, leurs bâtiments furent envahis par de nombreux Indigènes qui volaient, avec une habileté extraordinaire, tous les objets susceptibles d'être transportés, ils durent repartir de suite ; non cependant sans être descendus à terre pour châtier les Insulaires ni sans avoir appelé des *Larrons* ces îles inhospitalières.

Le 17 du même mois, ils abordèrent les îles Philippines. Là, ils furent très bien accueillis et obtinrent, au début, à peu près tout ce qu'ils désiraient. Le Roi de l'île de Cébou semblait ne savoir rien leur refuser ; car, après leur avoir accordé la liberté de faire le commerce dans le royaume, il consentit à

1. Pigafetta. J. T. Medina, *Coleccion de documentos inéditos para la Historia de Chile*, t. II, p. 159

embrasser le catholicisme, se déclara sujet de Charles-Quint et voulut contribuer à étendre la domination de son puissant maître sur tout l'archipel.

Quand il crut avoir complétement conquis ce monarque, Magellan le persuada que, tant à cause de l'importance du territoire sur lequel il commandait que du sacrement qu'il venait de recevoir, il était le plus grand Souverain de la région et qu'en conséquence il devait obliger les chefs des îles voisines à reconnaître sa suzeraineté. Le Roi de Cébou s'empressa de faire des démarches auprès des autres monarques de l'archipel dans le but de réaliser immédiatement l'idée que le représentant de son protecteur lui avait suggérée ; mais, si deux des princes de la contrée consentirent facilement à lui rendre hommage et à devenir ses vassaux, Cilapulapu, un des chefs de l'île de Mactan, tenait à conserver son indépendance et ne céda ni à des menaces ni à une manifestation navale.

Magellan, pour réduire à l'obéissance ce roitelet insulaire qui osait contrarier ses volontés, résolut d'aller le soumettre par la force en se mettant lui-même à la tête d'un petit corps d'armée. Il descendit à terre et ouvrit hardiment le feu, avec seulement quarante-neuf combattants, contre un ennemi trente fois plus nombreux ; mais dès que, bientôt après, il se sentit blessé à une jambe par une flèche empoisonnée, il ne se fit plus d'illusions sur la triste

issue de la journée et ordonna de battre en retraite.
A ce commandement, au lieu de reculer en ordre et
avec calme, ses hommes prirent précipitamment la
fuite, à l'exception de sept à huit qui restèrent près
de lui pour le protéger. Quand les insulaires virent
l'amiral presque seul, ils bondirent sur lui, le frap-
pèrent à coups redoublés, le terrassèrent et le
tuèrent, pendant que les compagnons d'armes qui
étaient restés à ses côtés, tous plus ou moins blessés
et incapables de lui porter secours, regagnaient
l'escadre.

Voilà comment Fernand de Magellan mourut, le
samedi 27 avril 1521. Son corps resta dans l'île de
Mactan, parce que Cilapulapo, qui tenait à le garder en souvenir de sa victoire, ne voulut le livrer à
aucune condition[1].

Ce premier désastre ne tarda pas à en amener un
autre non moins déplorable ; car la défaite des
Espagnols fit croire au Roi de Cébou que Charles-
Quint n'était ni un puissant protecteur ni un adversaire très redoutable et, par suite, elle l'encouragea
à recouvrer son autonomie au moyen d'un acte de
félonie des plus révoltants : sous le prétexte de
vouloir leur remettre un présent de pierreries qu'il
disait avoir préparé pour la Reine de Castille, ce
chef insulaire invita les commandants et les princi-

1. Pigafetta. J. T. Medina, *Coleccion de documentos ineditos para la Historia de Chile*, t. II. p. 115 à 125.

paux officiers et employés de la flotte à un banquet, pour le premier mai, afin de les faire tomber dans un guet-apens où, sur les vingt-quatre qui se rendaient au festin, vingt-deux furent assassinés.

Cette trahison fit comprendre aux navigateurs qui se trouvaient à bord au moment où le massacre finissait, que l'escadre manquait de sécurité dans la rade de Cébou et elle les décida à partir immédiatement vers les îles aux épices. Mais, comme ils n'étaient plus assez nombreux pour le service des trois navires, leur nouveau commandant, Jean Carvalho, brûla la *Conception* en face de Bohol et, avec les deux autres bâtiments, il continua sa route, fit escale dans plusieurs ports, visita quelques pays et arriva aux Moluques, le 8 novembre 1521, pour mouiller devant Tidor.

Dans cet archipel, les Espagnols restèrent, sans être nullement dérangés par les Portugais, le temps nécessaire pour écouler les marchandises dont ils étaient porteurs et pour faire un chargement complet de clous de girofle et de poivre, denrées qu'ils se proposaient de transporter en Europe ; mais, en levant l'ancre pour partir, ils s'aperçurent que la *Trinidad* avait une voie d'eau considérable dans la sentine qui la mettait dans l'impossibilité d'entreprendre le voyage.

En présence de cette nouvelle contrariété, ils résolurent que ce bateau resterait aux Moluques pour se réparer et que l'autre serait expédié, de suite, sur l'Espagne.

La *Vitoria*, commandée par Sébastien del Cano, se mit en marche vers sa patrie le 21 décembre 1521 ; côtoya un grand nombre d'îles, prit des vivres en abondance dans celle de Timor, s'engagea dans l'Océan Indien, doubla le cap de Bonne-Espérance, après y être restée en panne pendant neuf semaines à cause des calmes et des vents de bout ; entra, presque sans ressources, dans l'Atlantique, toucha aux îles du Cap Vert [1] où, pour venir des Indes et pour être passée par la route réservée à la marine portugaise, les autorités locales arrêtèrent treize individus de son équipage qui étaient descendus à terre pour faire des provisions et arriva à San Lucar, le 6 septembre 1522, ramenant seulement dix-huit des hommes qui s'étaient embarqués dans l'escadre de Magellan [2] trois ans auparavant [3].

1. Alejandro de Humboldt *Cristobal Colon y el Descubrimiento de America*, t. I, p. 158.

2. Pigafetta J. T. Medina *Coleccion de documentos inéditos para la Historia de Chile*, t. II, p. [illegible] à 555.

3. Après avoir été reparée, la *Trinidad*, n'osant revenir en Europe par la voie orientale de peur d'être capturée par la marine militaire du Portugal, tenta de porter son chargement en Amérique, afin de le conduire ensuite en Espagne ; mais les tempêtes l'obligèrent de regagner les Moluques où elle dut être abandonnée à cause du mauvais état dans lequel elle se trouvait. Son équipage fut fait prisonnier par les Portugais et,

En jetant l'ancre dans son port de départ, ce navire terminait l'entreprise maritime la plus hardie qui eût été exécutée, en même temps, pour ainsi dire, que le premier voyage autour du monde[1] et, en conséquence, il répandit une gloire des plus brillantes sur la marine espagnole.

Mais, outre cette importante satisfaction morale, la *Victoria* apporta dans la péninsule ibérique un chargement de 533 quintaux d'épiceries dont la valeur suffisait, et au delà, à couvrir les frais de l'expédition[2].

7. Bénéfices que le droit international a retirés du voyage de l'escadre de Magellan

Quoiqu'il eût un but exclusivement national, le voyage de l'escadre de Magellan a cependant rendu de très importants services au droit des gens. D'abord, il a donné lieu à l'organisation d'un tribunal mixte qu'on peut considérer comme étant une des premières manifestations du désir de confier à un corps judiciaire le soin de résoudre une question de souveraineté relative à une vaste et riche portion

à l'exception de trois hommes qui furent rapatriés en 1528, il mourut bientôt en captivité

1 C'est aux îles du Cap Vert que ce bateau termina son voyage de circumnavigation terrestre.

2 J. T. Medina, *Colección de documentos inéditos para la Historia de Chile*, t. I, p. 515 et 551

de territoire, en même temps que le point de départ de l'élargissement du champ d'application de l'arbitrage international réduit, jusque là, à ne trancher que quelques réclamations pécuniaires ou de rares contestations de frontières. Les Rois de Castille et du Portugal nommèrent chacun un nombre égal de marins, de géographes et autres savants qui, réunis en assemblée, devaient décider auquel des deux souverains appartenaient les îles Moluques. Cette commission siégea alternativement dans les villes de Badajoz et de Elvas, du 11 avril au 31 mai 1524, et se sépara sans être arrivée à aucun résultat parce que l'impossibilité dans laquelle on se trouvait, à l'époque, de déterminer exactement les longitudes la privait de bases certaines et capables de servir de fondement à une délimitation territoriale.

Cinq ans après que la conférence fut dissoute, c'est-à-dire le 20 avril 1529, les deux monarques signèrent, à Saragosse, un traité par lequel Charles-Quint renonça en faveur de la couronne du Portugal à tous ses droits sur l'archipel en litige [1],

---

[1] *Historia Universal* escrita por veintidos profesores alemanes bajo la direccion de Guillermo Oncken, publicada en español bajo la direccion de don Nemesio Fernandez Cuesta, t. VII *Historia de los descubrimientos geograficos*, p... Dans l'avenir, nous citerons cette Histoire sous le simple titre de *Historia Universal de Oncken*.

Marbat

qu'une erreur de calcul, le portant au moins 100 lieues plus à l'est qu'il ne se trouve, avait fait croire qu'il était situé dans l'hémisphère espagnol, moyennant le versement d'une indemnité de 350.000 ducats

Le voyage de l'escadre de Magellan a, ensuite, contribué à établir le principe de la liberté de la haute mer, dont la propriété de certaines parties a pendant longtemps été revendiquée par divers États ; car les Espagnols qui le firent divulguèrent les conditions avantageuses dans lesquelles les marchandises européennes s'échangeaient contre les produits indigènes dans les îles de la Malaisie et, en conséquence, ils suggérèrent, indirectement, à beaucoup d'armateurs, l'idée d'aller y faire le commerce. Mais, comme des deux routes maritimes qui y conduisaient, l'Espagne se croyait maîtresse de l'une et le Portugal s'attribuait la souveraineté de l'autre pour en prohiber l'usage aux bâtiments étrangers, Grotius publia, en 1609, un livre, intitulé *Mare liberum*, destiné à infirmer les prétentions de cette dernière Puissance et à démontrer que la navigation de la pleine mer était libre et que, par suite, les navires hollandais pouvaient passer par la voie du cap de Bonne-Espérance pour se rendre à l'archipel des Grandes-Indes.

Et, bien qu'elle ait été réfutée par Selden qui, en 1635, écrivit son livre, *Mare clausum*, dans le but de prouver que l'Angleterre était souveraine de toute la partie de l'Atlantique comprise entre les îles Britanniques et les côtes de l'Amérique, la doctrine du jurisconsulte néerlandais finit par triompher, après que la première République Française eut inscrit sur le pavillon de ses vaisseaux : *Liberté des mers pour tout le monde ; égalité de droits pour toutes les nations.*

CHAPITRE II

1 Effets que la découverte du détroit produisit dans la Cour d'Espagne

Si les résultats généraux du voyage de Magellan furent justement admirés par les publicistes et autres savants à cause du pas immense qu'ils avaient fait faire aux connaissances humaines, la découverte du détroit induisit les géographes en une erreur considérable, dans laquelle ils restèrent pendant près d'un siècle. La nouvelle de l'existence du canal interocéanique répandit la croyance que la Terre du Feu était la fin d'un vaste continent austral dont le pôle sud aurait été le centre.

Partant de cette idée, les Rois d'Espagne attribuèrent au détroit de Magellan[1] une importance

[1]. Le plus ancien document officiel que nous ayons pu trouver où le détroit de la Toussaint soit appelé détroit de Magellan, porte la date du 24 juillet 1529. — J. T. Medina, *Coleccion de documentos inéditos para la Historia de Chile*, t. III, p. 198.

stratégique et commerciale qu'en réalité il n'avait
pas. Ils crurent que ce bras de mer était l'unique
voie maritime méridionale qui conduisit au Grand
Océan, et voulurent s'en réserver l'usage exclusif,
parce qu'ils comprirent que c'était un chemin pré-
cieux pour que la marine nationale se rendît aux
colonies du Pacifique, en même temps qu'une route
destinée à servir aux étrangers pour aller troubler
la paix ou faire concurrence aux Espagnols dans
leurs possessions de la Mer du Sud. Ce danger fit
adopter aux monarques de Castille, à l'égard du
canal de l'Amérique, une politique des plus étroites, dont les premières manifestations furent
d'étouffer la nouvelle de la découverte de Magellan
afin d'en rendre la propagation moins rapide.

2. L'Espagne cherche à interdire la navigation du détroit de Magellan aux navires étrangers

a) Quelques expéditions au détroit. — Immédiatement après que le tribunal institué pour trancher
la question relative à la propriété des îles Moluques
eut reconnu l'impossibilité de remplir sa mission,
le Roi de Castille résolut d'envoyer une seconde
expédition vers cet archipel.

La nouvelle escadre, composée de sept bâtiments
et mise sous les ordres de Garcia Jofré de Loaysa,
homme d'église plutôt que de mer, à qui Charles-

Quint avait donné Sébastien del Cano comme second,
partit de La Corogne[1], le 24 juillet 1525, pour ne
pas tarder à être prise par les calmes qui l'arrêtèrent pendant des mois entiers dans les parages de
l'équateur. Mise de nouveau en marche, elle se
divisa en deux sections : quatre bateaux, séparés
du vaisseau amiral, entrèrent, le 14 janvier de
l'année suivante, dans l'embouchure orientale du
détroit de Magellan où, en arrivant, dix jours après,
avec le reste de la flotte, le commandant en chef
n'en rencontra que deux, parce que les tempêtes
en avaient brisé un contre la côte et refoulé un
autre dans l'Océan. Loaysa lui-même, continuellement battu par la tourmente, vit bientôt trois de
ses navires[2] se disperser dans l'Atlantique, et
dut reculer jusqu'au fleuve Santa-Cruz afin de réparer le bâtiment qu'il montait. Le 5 avril, l'escadre,
réduite à quatre bateaux, recommença à naviguer
dans le détroit et le passa en cinquante et un jours
sans éprouver de difficultés sérieuses. Quand elle
fut dans le Pacifique, elle prit la direction des Molu-

1. Le Bureau des nouvelles découvertes avait été transporté
dans ce port de mer.

2. Deux regagnèrent la haute mer pour échapper à la fureur
des ouragans, mais l'autre y fut entraîné, et son capitaine,
François de Hoces, annonça au chef de l'escadre, en le rejoi-
gnant, qu'il était allé jusqu'à la fin des terres de l'Amérique,
c'est-à-dire au cap Horn.

ques, îles auxquelles un seul des vaisseaux qui la composaient put arriver[1].

Le mauvais résultat de l'entreprise de Loaysa, l'arrangement relatif à la propriété de l'archipel des Moluques que l'Espagne et le Portugal firent en 1529 et le désir de faire oublier l'existence du détroit de Magellan[2] qu'avait la couronne de Castille, paralysèrent la navigation de cette voie maritime jusqu'aux premiers jours de janvier 1554. À cette époque, deux navires que le conquérant du Chili, Pierre de Valdivia, avait envoyés au sud, entrèrent dans le canal, par son embouchure occidentale, et en parcoururent une trentaine de lieues avant de retourner au nord pour faire tomber une légende qui prétendait que les eaux de l'Atlantique étaient plus hautes que celles du Pacifique et qu'en conséquence, il existait, dans ce bras de mer, un fort courant, allant de l'est à l'ouest, que les bateaux ne pouvaient pas remonter.

Dès que cet inconvénient ne fut plus à redouter, le Roi d'Espagne ordonna[3] à Jérôme Alderete, successeur de Pierre de Valdivia[4], de faire explo-

1. Loaysa et Sébastien del Cano moururent pendant la traversée.

2. Élisée Reclus, *Nouvelle Géographie Universelle*, t. XVIII, p. 501.

3. Décret du 29 mai 1555.

4. Les compagnons d'armes de Valdivia nommèrent François Villagran comme gouverneur du Chili en remplacement

rer la Magellanie et de lui indiquer les ressources stratégiques, commerciales et agricoles qu'offraient le détroit et les terres voisines.

Cette importante mission ne fut pas remplie par celui qui en avait été chargé, mais par Garcia Hurtado de Mendoza jeune homme actif et intelligent qui succéda à Alderete [1] dans le gouvernement du Chili.

Hurtado de Mendoza organisa une escadre, composée des vaisseaux *San Luis* et *San Sebastian* et d'une petite goélette, qu'il plaça sous les ordres de Jean Ladrillero en donnant le commandement du second de ces navires à François Cortés Ojeda.

Partie au mois d'octobre 1557, la nouvelle flotte fut séparée par une tempête terrible. Cortés Ojeda, quoique toujours inquiété par la tourmente, descendit jusqu'au 52° 30'00' de latitude et dut rebrousser chemin sans avoir pu trouver l'embouchure du canal. Malgré cela, le voyage du *San Sebastian* est resté célèbre, tant à cause des dangers auxquels il exposa son équipage que pour avoir fait supposer aux autorités espagnoles du Chili que quelque île, poussée par la force des vagues et par le vent furieux, avait bouché l'ouverture du détroit [2].

de leur chef, tué dans le combat de Tucapel, le 1er janvier 1554.

1 Sa province fut étendue jusqu'au détroit de Magellan.

2 Alonzo Ercilla y Zúñiga *La Araucana*, p. 4, chant 1er

Bien que tout à fait invraisemblable, cette supposition vécut jusque vers le milieu de l'année 1559, époque où le *San Luis* fut de retour aux terres chiliennes.

Le capitaine Ladrillero, loin d'avoir péri, comme on le craignait, était entré dans le détroit de Magellan, au mois de février 1558 ; avait exploré attentivement ce bras de mer et les territoires adjacents ; en avait pris possession au nom de la couronne de Castille, du vice-roi du Pérou et du gouverneur du Chili, le 9 août suivant, et était revenu au nord pour faire connaître le résultat de ses observations à Garcia Hurtado de Mendoza qui s'empressa de le communiquer à son souverain.

Le rapport de Ladrillero n'eut pas un écho heureux dans la métropole ; car, lorsque, contrairement à ce qu'il croyait, le Conseil des Indes fut informé que la température et le terrain de la Magellanie n'étaient pas propres à la culture des épices que produisaient les îles Moluques, et que la race fuégienne était la plus misérable de l'Amérique du Sud et tellement arriérée qu'elle ne pouvait être utilement employée dans l'industrie, il vit disparaître les trésors qu'il pensait pouvoir retirer de la région en question, pour rester en présence d'un canal interocéanique qui constituait une menace pour les colonies espagnoles du Pacifique. Aussi les Rois de Castille gardèrent systématiquement le plus grand secret sur tout ce qui avait trait à cette voie maritime dans l'espoir d'en faire oublier l'existence et d'éviter ainsi que des bateaux étrangers allassent leur disputer les richesses du Pérou[1], sans peut-être remarquer qu'une réserve semblable était moins bonne à prévenir le mal qu'ils redoutaient qu'à exciter la convoitise des personnes désireuses de faire fortune aux dépens d'autrui, comme d'ailleurs l'expérience l'a bientôt démontré.

En effet, François Drake passa le détroit de Magellan avec son escadre, du 20 août au 10 septembre 1578; se dirigea vers le nord, jeta la consternation et l'épouvante sur la côte du Chili; fit plusieurs captures et rançonnements; entra dans le port du Callao, pendant la nuit du 15 février suivant, pour s'emparer de quelques vaisseaux; et prit la route des Moluques après s'être approprié des valeurs considérables dans l'est du Pacifique.

b) *Tentative pour fortifier et fermer le détroit de Magellan.* — L'apparition de Drake et les actes qu'il avait accomplis étaient peu rassurants pour la marine marchande de la Mer du Sud; car, lors même que cet aventurier n'aurait pas songé à continuer ce genre d'opérations, d'autres marins pouvaient être tentés de suivre son exemple afin de

1. Léopold Ranke. *L'Espagne sous Charles-Quint, Philippe II et Philippe III*, p. 569 et 571.

s'enrichir rapidement. Il y avait là, effectivement,
un grave danger que le vice-roi du Pérou voulût
conjurer par un moyen énergique, reconnu bientôt,
il est vrai, aussi vain qu'au début il paraissait efficace. Ce haut fonctionnaire, d'accord avec l'Audience
de Lima, résolut de fortifier le détroit de Magellan
dans le but d'en interdire l'accès aux ennemis de
la propriété espagnole et, en conséquence, il commença immédiatement à organiser une expédition
de deux navires, la *Nuestra Señora de la Esperanza*
et le *San Francisco*, destinée à étudier la manière
d'exécuter le projet et à soumettre le plan à l'approbation du gouvernement métropolitain.

La division navale, mise sous les ordres de Pierre
Sarmiento de Gamboa, devait explorer le canal interocéanique et puis se séparer ; un des bâtiments
était chargé de se rendre en Espagne pour faire connaître au monarque le résultat des études stratégiques qui allaient être faites et l'autre avait à
retourner au Pérou afin d'informer le vice-roi
jusqu'à quel point l'idée était réalisable.

Partie vers le 15 octobre 1579, l'escadre navigua
pendant les premiers mois sans éprouver de difficultés ; mais une violente tempête, survenue dans la
nuit du 21 janvier suivant, la désunit. Le *San Francisco*, commandé par Jean Villalobos, fut éloigné de
la côte et poussé par les vents jusqu'à 56° de latitude,
d'où le pilote Hernand Lucero crut remarquer l'ab-

sence de ce vaste continent austral dont l'existence avait été annoncée par les géographes. Dès que la tourmente s'apaisa, Villalobos fit voile au nord dans le but de renouveler ses provisions et arriva, le 20 février, à Valdivia, port dans lequel il passa le reste de l'été.

La *Nuestra Señora de la Esperanza*, conduite par Sarmiento de Gamboa, entra le 23 janvier dans le détroit de Magellan et remplit entièrement sa mission. Son commandant avança lentement vers l'est en faisant les études nécessaires à la formation de la carte géographique de ce bras de mer, doubla le cap Froward et, en longeant la côte de la péninsule de Brunswick, il découvrit bientôt une rivière à l'embouchure de laquelle il fit planter une croix et dire la première messe qui ait été célébrée dans la contrée.

Lorsqu'il eut ainsi appelé la protection divine sur la Magellanie, Sarmiento, invoquant la bulle du Pape Alexandre VI, prit possession du détroit, de terres et des îles voisines au nom de la couronne de Castille; mais, en même temps, il débaptisa cette voie maritime pour lui donner le nom de: *la Madre de Dios*. Ces formalités accomplies, il poursuivit sa marche en recherchant d'une manière spéciale les endroits propres à être peuplés et fortifiés, entra dans l'Atlantique, le 24 février 1580, et se dirigea vers sa patrie en emportant la conviction que les bords du détroit étaient suffisamment rapprochés pour permettre à Philippe II de fermer la porte du Pacifique aux navigateurs gênants ou mal intentionnés.

Arrivé en Espagne au mois d'août, le capitaine Sarmiento, muni du compte rendu de l'exploration, du journal de bord et d'une carte géographique qu'il avait relevée du canal, démontra facilement au gouvernement que les forteresses construites de chaque côté des deux goulets du détroit pouvaient empêcher l'accès de la Mer du Sud aux navires étrangers et décida le monarque à exécuter ces ouvrages de défense militaire, malgré l'opposition du duc d'Albe et d'autres conseillers de la couronne qui qualifiaient l'entreprise de chimérique.

Pour réaliser le projet, Philippe II organisa une expédition de quatre mille hommes et de vingt-six bâtiments, qu'il mit sous le commandement de Diego Flores de Valdès. Pierre Sarmiento de Gamboa reçut le titre de gouverneur et de capitaine général de la Magellanie avec la mission d'accompagner le chef de la flotte et de diriger les travaux de fortification.

L'escadre, parfaitement pourvue de vivres et de munitions, partit de San Lucar, le 25 septembre 1581, en emportant l'outillage et le matériel nécessaires à la construction et à l'armement des forts ; mais, ayant bientôt été surprise par une tempête qui lui engloutit cinq vaisseaux et près de huit cents hommes, elle dut gagner le port de Cadix pour réparer les avaries. Le 9 décembre, elle se mit de nouveau en marche; s'arrêta longtemps aux îles du Cap Vert et dans la baie de Rio de Janeiro et, déjà réduite à seize navires, elle abandonna cette dernière rade, le 1er novembre 1582, pour se diriger directement sur le détroit de Magellan; canal dans lequel elle ne put entrer à cause du mauvais temps, quoiqu'elle tentât plusieurs fois d'en franchir l'embouchure.

Contrarié par cet échec et par le naufrage d'un bateau qui avait occasionné la mort à trois cent cinquante hommes, Florès de Valdès résolut de suspendre l'exécution du plan de défense coloniale jusqu'au retour de la bonne saison; revint sur ses pas; alla se réfugier dans un port de la côte du Brésil [1]; passa à l'île de Sainte-Catherine afin de se préparer pour essayer une seconde fois d'arriver au but de son voyage et, dans les premiers jours de janvier 1583, il repartit vers le sud en n'emmenant qu'une huitaine de bâtiments.

La flotte, ainsi diminuée, entra dans le détroit de Magellan au commencement du mois de février; mais elle n'y resta que quelques instants, parce que le courant et le vent la repoussèrent violemment jusqu'en plein Océan Atlantique. Ce con-

---

[1] Situé vers le degré 28 de latitude méridionale.

tre temps, qu'un homme moins timide et plus énergique que Diego Flores de Valdès aurait certainement réparé, entraîna l'abandon définitif de l'entreprise ; son chef, considérant sans doute qu'elle était irréalisable, n'attendit pas qu'une occasion favorable lui permit de vaincre les obstacles avant de revirer au nord pour se diriger sur Rio de Janeiro, où il mouilla, dans les premiers jours de mai, en complète désorganisation.

Dans le port de la capitale du Brésil, Flores de Valdès rencontra quatre navires, chargés de provisions, que Philippe II lui avait envoyés ; mais, au lieu d'utiliser ce secours pour tenter encore de se rendre aux goulets du détroit, il résolut de se rapatrier avec plus de la moitié de son personnel et, en conséquence, il réunit les meilleurs de ses bateaux, y fit embarquer des vivres en abondance et partit pour l'Espagne, en laissant le reste des hommes et de l'escadre sous l'autorité du second chef de l'expédition [1].

c) *Fondation des premières colonies au détroit de Magellan.* — Loin de se décourager à cause des revers auxquels il venait d'assister, Pierre Sarmiento de Gamboa semble avoir acquis une activité nouvelle ; car, après le départ de Flores de Valdès, il

1. Diego Barros Arana, *Historia Jeneral de Chile*, t. III. p. 75 et 76.

réussit, grâce à des efforts sans trêve, à radouber et à approvisionner les cinq bateaux dont il avait le commandement et à recruter cinq cent cinquante personnes[1] pour aller former des colonies sur les côtes du détroit de Magellan.

Bien que l'idée de coloniser cette contrée fût déjà ancienne, puisque le droit d'y établir des Européens avait été concédé à des capitalistes allemands plus d'un siècle auparavant, comme l'indique une lettre que Charles-Quint adressa au Conseil des Indes, le **27 janvier 1531**[2], c'est Sarmiento qui la mit le premier en pratique.

En effet, étant entré dans le détroit avec son escadre, le 1ᵉʳ février 1584, le gouverneur de la Magellanie débarqua bientôt trois cent cinquante hommes sur la rive septentrionale du canal et non loin de son embouchure orientale ; prit possession, au nom du Roi d'Espagne, d'une petite vallée, convenablement arrosée, et il y fonda un village, appelé *Nombre de Jesus*, dont il traça les rues, organisa la municipalité et partagea, avec beaucoup d'enthousiasme, le terrain entre ses compagnons de voyage. Mais ceux-ci ne se firent aucune illusion sur le sort que l'avenir réservait à la colonie ; aussi, plutôt que de s'exposer à périr misérablement dans ce pays

1. Hommes et femmes.
2. J.-T. Medina, *Coleccion de documentos ineditos para la Historia de Chile*, t. III, p. 419.

sauvage et sans ressources, ils levèrent les ancres, pendant la nuit, et se dirigèrent, en grand nombre, vers leur mère patrie[1] en emmenant trois bâtiments.

Cette désertion obligea, pour ainsi dire, les colons qui étaient restés auprès de leur chef à persévérer dans l'entreprise, parce que, ayant fait échouer un vaisseau pour n'être plus en état de servir, ils ne disposaient que d'un seul navire, trop petit pour les transporter tous dans le cas où ils auraient voulu retourner au nord. Mais l'énergie toujours croissante de Sarmiento calma, pour le moment, le désir de rebrousser chemin; car, au lieu de renoncer à la réalisation de son projet à cause des contrariétés qu'il venait d'éprouver, ce marin munit son unique bâtiment de vivres et du matériel indispensable à la fondation de nouvelles colonies et l'expédia sur un port de la péninsule de Brunswick, auquel il se rendit lui-même par terre.

Parti le 4 mars de Nombre de Jesus à la tête d'une centaine d'hommes armés, le gouverneur ne put atteindre la rade indiquée qu'après vingt jours de marche tout à fait pénible : il eut non seulement à repousser les Patagons qui l'attaquaient fréquemment, mais encore à supporter les plus grandes privations, puisqu'il manquait très souvent d'eau douce et n'avait, pour apaiser la faim de ses soldats,

1. Ils arrivèrent à Séville le 21 septembre 1584

que le produit de la pêche et de la chasse, aug-
menté par quelques fruits sylvestres et de rares
œufs d'autruche qu'il trouvait sur son passage;
aliments qui, pour comble de malheur, rendaient
les troupes gravement malades, quoique, pour les
préparer, elles eussent le bois et le charbon de
terre à discrétion.

Le lendemain de son arrivée dans le lieu du rendez-vous, Sarmiento en prit possession, au nom
de son souverain, et y jeta les bases d'une ville,
qu'il appela du *Rey don Felipe* et pourvut d'un conseil municipal et des autres autorités administratives.

La cité naissante fut immédiatement entourée
d'une palissade et armée de six canons. En conséquence elle n'avait guère à craindre les agressions
des indigènes; mais un autre danger, contre lequel
elle ne put victorieusement lutter, la menaçait:
étant située sur une terre rebelle à toute agriculture et à hiver rigoureux, elle avait besoin de secours
en abondance pour pouvoir subsister. Comme
elle ne reçut ni comestibles, ni vêtements, la faim
et le froid ne tardèrent pas à répandre un profond
mécontentement parmi les colons, dont quelques-
uns, aveuglés par le désespoir, se concertèrent pour
assassiner Sarmiento afin de tenter ensuite d'aller
au Brésil, dans des canots, et de mettre fin aux
souffrances qu'ils enduraient bien qu'ils commussent

les dangers de ce voyage et fussent presque certains qu'il leur coûterait la vie.

Le complot, qui fut découvert à temps et réprimé par la décapitation de son chef et par l'application de peines inférieures aux autres insubordonnés, amena l'éloignement involontaire du gouverneur : car la révélation du plan que la misère avait suggéré aux habitants de la ville fit supposer à Sarmiento que, dans le village, on ne devait pas être heureux et le décida à s'embarquer sur son navire, avec trente hommes, pour aller voir ce qui s'y passait. Parti le 25 mai, il arriva le lendemain à Nombre de Jesus, où il conçut l'idée de prendre des armes et des munitions pour les transporter à Rey don Felipe ; mais, quand il commençait à recevoir à bord ce matériel de guerre, son bâtiment, surpris par une tempête qui éclata soudainement, fit rompre ses amarres, s'enfuit, sans qu'il fut possible de l'arrêter, jusqu'en plein Océan Atlantique et, après avoir tenté pendant trois semaines, de revenir au détroit, il fut porté par les vagues sur la côte du Brésil. De là, le gouverneur se rendit à Rio de Janeiro, sans cependant oublier les camarades de souffrances qu'il avait laissés dans la Magellanie, puisque, de ce port, il leur expédia quelques bateaux chargés de provisions qui n'arrivèrent malheureusement pas à destination.

Lorsqu'en Amérique il ne put plus rien faire en

faveur de ses colons, Sarmiento partit pour l'Espagne dans le but d'intéresser Philippe II à leur triste sort ; mais, comme, en route, il fut successivement : capturé par une escadre anglaise, conduit en Angleterre en qualité de prisonnier, mis en liberté, pris par un corsaire français, rançonné et relâché, il n'arriva auprès de son souverain qu'après la ruine complète des colonies de Magellan. Le voyage ne lui procura donc que l'occasion de rendre encore d'importants services à sa patrie, quoique difficilement il ait pu lui être plus dévoué ou agir avec autant de patriotisme qu'en entreprenant de peupler l'extrémité méridionale du continent américain. La ville et le village qu'il y avait fondés réunissaient environ quatre cents individus : cent se trouvaient à Nombre de Jesus et trois cents à Rey don Felipe. Ces personnes auraient aisément pu déployer assez de force pour établir effectivement la domination espagnole dans la contrée, si elles avaient reçu une assistance qui les eût mises à l'abri de la misère ; mais le manque de protection amena bientôt leur disparition, sans qu'on en ait plus entendu parler que par deux expéditions anglaises, dont la première fut celle de Cavendish, qui se rendirent au Pacifique.

Nanti d'une lettre de marque lui permettant d'armer en course contre le commerce des sujets du Roi de Castille, Thomas Cavendish, sortit de Plymouth, à la tête de trois navires, doubla le cap des

Vierges et mouilla, le 6 janvier 1587, près du premier goulet du détroit de Magellan, où il trouva les seuls dix-huit colons[1] que les privations et l'intempérie n'avaient pas encore tués.

Le navigateur britannique, ému par la misère dans laquelle gémissaient les derniers survivants des colonies de Sarmiento, offrit, à ces malheureux, de les prendre à bord et de les conduire au Pérou; mais les pauvres Espagnols, craignant que les Anglais eussent plutôt l'intention de devenir leurs meurtriers que leurs protecteurs, déclinèrent, tout d'abord, cette offre et lorsque, mieux avisés, ils voulurent l'accepter, Cavendish refusa de les accueillir et les laissa tous, moins un qui réussit à se réfugier sur un des bateaux de l'escadre, dans leur situation navrante, car, afin de profiter d'un vent favorable qui soufflait, il se mit en marche, s'arrêta à Port Famine le temps nécessaire pour embarquer les quelques canons qui se trouvaient dans la ville abandonnée de Rey don Felipe et sortit du canal, par l'embouchure occidentale, pour aller bientôt jeter l'épouvante dans la marine marchande des côtes du Pérou et de celles des îles Philippines.

Une autre expédition, également destinée à aller opérer dans le Pacifique, que John Chidley avait

[1] Quinze hommes et trois femmes.

organisée, partit, encore de Plymouth, le 5 août 1589 ;
mais, ayant été dispersée par les ouragans, un seulement des cinq bâtiments qui la composaient, le
Delight, commandé par Andrew Merrick, continua
la route que lui traçait l'itinéraire.

Le capitaine Merrick entra dans le détroit de
Magellan, le 1ᵉʳ janvier 1590, et avança lentement jusqu'à Port Famine où il recueillit un Espagnol, qui était le seul survivant des colonies de
Sarmiento et, en conséquence, l'unique à même de
faire connaître l'histoire des tortures que ses camarades avaient endurées avant de mourir de faim et
de froid, les uns après les autres.

De ce point, le *Delight* se dirigea vers le Grand
Océan pour ne pas tarder à changer de direction à
cause des vents contraires et d'une menace de
révolte de la part de l'équipage auquel les décès
avaient déjà enlevé une trentaine d'hommes, dont
sept, envoyés à terre, furent massacrés par les Indigènes, et se trouver de nouveau dans l'Océan Atlantique, le 14 février suivant, afin de retourner en
Europe, où il arriva le 30 août, sans vivres et
n'ayant plus que six marins à bord : tous les autres,
comme aussi le commandant et le dernier colon de
la Magellanie, étaient morts de misère.

8 — Indifférence de l'Espagne à l'égard du détroit de Magellan.

a) *Découverte du cap Horn.* — Les tentatives malheureuses de fortifier et de peupler la Magellanie marquent, pour ainsi dire, l'époque depuis laquelle le détroit de Magellan est resté libre à la navigation de tous les pavillons, car, dans la suite, l'Espagne s'est montrée tout à fait indifférente à l'égard de ce bras de mer et n'a plus cherché à en exclure aucun navire étranger à cause, principalement, de la découverte de la voie du cap Horn, qui ne tarda pas à avoir lieu.

Pendant que les Anglais continuaient de passer par le canal de l'Amérique dans le but de courir sus aux bâtiments marchands du Pacifique, les Hollandais profitaient d'une occasion favorable pour aller faire la course dans ce même Océan et pour tâcher de s'emparer des îles Moluques.

En guerre contre l'Espagne pour conquérir leur liberté, les Néerlandais avaient la faculté de saisir la propriété espagnole sur mer. Ce droit, qui portait également sur le commerce maritime portugais depuis qu'en 1580, la couronne de Castille s'était annexé le Portugal et ses possessions coloniales [1],

[1] *Historia Universal de Oncken, t. XII. Historia de los descubrimientos geográficos,* p. 214 à 220.

[1] *Histoire Universel de Oncken,* t. XII *Historia de los descubrimientos geographicos,* p. 217 à 220.

était devenu tellement facile à exercer, après 1588, à cause de la défaite de la *grande escadre* que Philippe II envoyait contre l'Angleterre, qu'il ne pouvait manquer d'être mis en pratique par la marine hollandaise, déjà très forte et résolue à nuire à ses adversaires par tous les moyens légitimes.

Mais la Hollande avait la partie trop belle pour qu'elle se contentât de simples captures et ne cherchât pas à devenir maîtresse de l'archipel des Moluques ; surtout depuis que la trêve d'Anvers, du 9 avril 1609, eût reconnu son indépendance [1] sans faire cesser les hostilités à l'égard des colonies [2].

Sollicités par ces circonstances et par l'appât du gain, les Hollandais se décidèrent à aller attaquer les îles et le commerce ennemis du Pacifique. Mais, au lieu de procéder isolément ou pour le compte d'un armateur, comme le faisaient les Anglais, ils formèrent de fortes sociétés qui, munies de privilèges plus ou moins étendus que le gouvernement leur accordait, organisaient les expéditions destinées à opérer dans cet Océan.

Les premières de ces puissantes associations se contentèrent d'enfreindre les bulles pontificales qui

---

1. Abbé de Mably. *Le Droit de l'Europe fondé sur les traités*, t. I, p. 98.

2. Diego Barros Arana. *Historia Jeneral de Chile*, t. IV, p. 104.

concédèrent la voie de l'Amérique à l'Espagne et celle de l'Afrique au Portugal et d'envoyer leurs bateaux au Pacifique par l'une et l'autre de ces deux routes ; mais, en 1601, il s'en fonda une nouvelle, appelée des Indes orientales, qui obtint du gouvernement des Provinces-Unies, le droit exclusif, à l'encontre des navires nationaux, de passer par le détroit de Magellan et par le cap de Bonne-Espérance.

Ce monopole, quoique tout à fait exorbitant, ne put exclure du Grand Océan tous les bâtiments néerlandais qui n'appartenaient pas à la compagnie privilégiée, parce que plusieurs commerçants, à la tête desquels se trouvait Isaac Le Maire, fondèrent une autre société maritime, nommée l'« Australe », dont un des vaisseaux ne tarda pas à entrer dans le Pacifique par un chemin qu'il découvrit.

Après que le directeur de l'« Australe » eut obtenu un brevet autorisant la compagnie à entreprendre des voyages en mer sous la protection du pavillon hollandais, il envoya son fils, Jacob Le Maire, au sud du détroit de Magellan pour voir s'il y existait quelque passage interocéanique permettant d'aller aux Indes.

Le capitaine Le Maire, secondé par Guillaume Cornelius Schouten, pilote de beaucoup d'expérience, partit de Texel, le 14 juin 1615, avec deux bâtiments et navigua sans éprouver de contrariétés jusqu'à

Port Desire [1], où il fit escale et perdit un de ses bateaux, par suite d'un incendie, sauva ce qu'il put du sinistre, continua d'avancer et, en longeant la côte nord-est de la Terre du Feu, il aperçut, le 24 janvier de l'année suivante, un détroit [2], allant au sud sud-ouest, qui semblait avoir une huitaine de lieues de large.

Entré, le lendemain, dans ce canal, Le Maire le parcourut rapidement, se trouva de nouveau dans la mer et arriva bientôt en face d'un promontoire, formé par deux pics aigus, qu'il prit pour la fin australe des terres américaines.

En doublant ce cap, auquel, en commémoration de la ville où l'expédition fut organisée, il donna le nom de Horn, il constata que là s'unissaient l'Atlantique et le Pacifique en confondant leurs eaux dans un océan libre et ouvert qui s'étendait vers le pôle antarctique.

Ensuite, le célèbre navigateur néerlandais se dirigea sur les îles de Juan Fernandez ; mais, comme il ne put y débarquer, il passa aux Indes, où les autorités hollandaises confisquèrent son navire [3],

1. Puerto Deseado des Espagnols, situé sur la côte de la Patagonie.

2. Le détroit de Le Maire, qui sépare la Terre du Feu de l'île des États.

3. Parce qu'elles croyaient qu'il était passé par le détroit de Magellan.

et, en conséquence, il dut monter sur un des vaisseaux de la compagnie rivale pour retourner aux Pays-Bas, afin de faire connaître le résultat de son voyage, tâche qu'il ne put remplir parce que la mort le surprit à bord, le 31 décembre 1616. Ce fut son lieutenant qui apporta en Europe la nouvelle officielle de l'importante découverte, en rentrant dans sa patrie, le 1er juillet suivant.

La jonction des deux Océans fut considérée comme un événement par les peuples européens : toutes les nations furent d'accord à reconnaître que l'absence du continent austral signifiait un grand progrès pour la navigation, désormais libre d'entraves et de monopoles pour explorer le Pacifique ; mais chacune d'elles, envisageant ce fait sous le point de vue qui l'intéressait davantage, lui attribua une portée plus ou moins considérable.

L'Espagne, caressant encore l'espoir de dominer seule dans la Mer du Sud, ne pouvait convenir qu'il fût possible aux navires étrangers, toujours disposés à faire concurrence aux siens et même à les supplanter, de s'y rendre librement. Aussi Philippe III, qui interprétait la découverte en question comme un malheur national, éprouva le besoin de faire constater si elle était effective. A cet effet il arma deux bâtiments qu'il confia aux frères Barthélemy et Gonzalo Garcia Nodal, capitaines de grand mérite auxquels il adjoignit l'astronome Diego Ramirez Arellano en qualité de pilote général.

L'expédition partit de Lisbonne, le 27 septembre 1618, passa le détroit de Le Maire, aperçut le cap Horn et avança jusqu'au 56° 40′ 00″ de latitude, où elle découvrit un groupe d'îles[1]; tourna au nord-ouest en prenant le Pacifique; entra dans le détroit de Magellan, par son embouchure occidentale, en sortit par l'orientale, afin de revenir en Europe par l'Atlantique, et jeta l'ancre dans le port de San Lucar de Barameda, le 9 juillet 1619.

Lorsque les frères Garcia Nodal confirmèrent la nouvelle répandue par le personnel de l'expédition Le Maire et assurèrent, en conséquence, à leur souverain que le Pacifique était complètement ouvert au delà du 56° de latitude méridionale, la couronne de Castille reconnut qu'il n'était pas possible d'interdire l'accès de cet Océan aux pavillons étrangers et, par suite, elle abandonna définitivement le projet de fortifier le détroit de Magellan, comme aussi la prétention de se réserver l'usage exclusif de ce bras de mer; elle eut même l'idée de ne plus s'en servir pour protéger ses intérêts commerciaux et politiques en Océanie, parce qu'elle crut faciliter ses relations avec les îles Philippines et les autres archipels du voisinage en passant par la voie du cap Horn; mais

1. L'archipel de Diego Ramirez.

elle laissa passer un siècle et demi avant d'envoyer aucune escadre vers la Malaisie par cette route.

b. *Expéditions scientifiques au détroit de Magellan.* — La rare facilité avec laquelle Jacob Le Maire et les frères Garcia Nodal franchirent l'extrémité de l'Amérique du Sud fit supposer que la voie du cap Horn était plus sûre et meilleure que celle du canal. Croyance qui eut pour effet principal de diminuer l'importance commerciale du détroit de Magellan et d'augmenter la navigation dans le Grand Océan ; car, quand les marins furent persuadés qu'ils n'avaient pas à vaincre autant de difficultés qu'auparavant pour se rendre au Pacifique, ils y allèrent plus souvent ; mais ils prirent le chemin qui leur paraissait moins pénible.

Cette préférence ouvrit une période de plus de deux siècles pendant laquelle le détroit de Magellan ne fut parcouru, pour ainsi dire, que par quelques expéditions scientifiques qui, par les études nautiques et géographiques qu'elles y firent et publièrent ensuite, lui préparèrent une réhabilitation très brillante pour l'époque de l'utilisation de la vapeur comme force motrice.

A la tête des marins qui explorèrent le bras de mer en question dans le but de contribuer au développement des connaissances humaines, figure Louis Antoine de Bougainville, navigateur français qui se rendit au détroit, en 1765 et en 1767, et fit des observations, généralement exactes, sur l'hydrographie et le climat de la région, comme aussi sur les mœurs de ses habitants.

Presque en même temps que Bougainville, John Byron fit une étude sérieuse sur la météorologie du détroit et eut des relations suivies avec les indigènes.

Ensuite, ce furent les capitaines Willis et Carteret qui consacrèrent près de quatre mois à l'exploration du canal de l'Amérique et en firent une description assez bonne.

Mais cette voie maritime n'a vraiment été connue qu'après la publication des travaux de l'expédition, commandée, d'abord, par le capitaine King, et puis, par FitzRoy, que le gouvernement anglais maintint dans la Magellanie depuis 1826 jusqu'en 1836.

Ces deux officiers de la marine militaire britannique, accompagnés du célèbre naturaliste Charles Darwin, alors jeune et sans grande renommée, parcoururent, en tous les sens, le détroit de Magellan, ses golfes et ses canaux latéraux, et en relevèrent une carte géographique, excellente, que les marins consultent encore quand ils passent par cette route interocéanique.

4° Le détroit de Magellan sous la domination du Chili.

a) Effet que l'indépendance du Chili et de la République Argentine a produit sur le détroit de Magellan. — La révolution qui amena le changement de souverain dans l'Amérique du Sud n'atteignit pas, tout d'abord, l'extrémité australe de cette partie du Nouveau-Monde ; car, pendant les trente-trois premières années de leur indépendance, le Chili et la République Argentine restèrent aussi indifférents, à l'égard de la Magellanie, que l'Espagne l'avait été depuis la découverte du cap Horn, c'est-à-dire qu'en fait, il ne s'en occupèrent point, tant parce que leur population s'étendit à peine jusqu'au 42° de latitude qu'afin de pouvoir consacrer toutes leurs forces à se constituer et à s'organiser.

De cet état de choses, il résultait que la portion de territoire américain situé au midi du parallèle mentionné n'était, d'après les principes modernes du droit international, qui imposent aux Puissances l'obligation de maintenir dans leurs possessions coloniales une force suffisante pour faire respecter les droits acquis [1], sous la domination de personne. Et, en conséquence, l'émancipation du Chili et celle

1. Acte général de la Conférence de Berlin, art. 35. Quoique cette déclaration soit relative aux territoires africains, les nations qui la signèrent sont d'accord à reconnaître qu'elle a une portée générale.

de la République Argentine ne modifièrent en rien la condition juridique du détroit de Magellan qui, après ces événements, continua à rester ouvert et libre à la navigation de tous les pays, sans qu'aucun État en fît mettre : l'Espagne avait cessé depuis longtemps d'y exercer son autorité et ses successeurs n'y commandaient pas encore.

Comme les rares navigateurs qui parcoururent ce canal, vers 1840, n'y virent point de signes de souveraineté, ils crurent que la région était *res nullius*; circonstance qui, d'après un historien chilien, suggéra à un d'entre eux l'idée de s'en emparer au nom de son gouvernement. Mais le Chili qui, pour manifester son intention d'en devenir souverain, avait déclaré, dans ses Chartes constitutionnelles de 1828 et de 1833, que son territoire s'étendait du désert d'Atacama au cap Horn et de la Cordillère des Andes à l'Océan Pacifique, ne pouvait aimer qu'une autre nation la colonisât : aussi, il s'empressa de l'occuper militairement dès qu'il crut qu'elle était convoitée.

b) *Prise de possession de la Magellanie par le Chili.* — Afin de commander sur tout le territoire que par sa Constitution politique il s'attribuait, le gouvernement chilien ordonna à un officier de sa marine militaire, Jean Guillermos, d'aller arborer le drapeau national sur les bords du détroit de Magellan et d'y conduire la force nécessaire pour les dominer.

Le capitaine Guillermos, monté sur le bâtiment de guerre *Ancud*, partit de l'archipel des Chonos, le 10 septembre 1843, prit le golfe de Penas, longea les canaux de Messier et de Smith, entra dans le détroit de Magellan et arriva à Port Famine le 21 du même mois. Là, il aperçut un poteau au pied duquel il trouva des monnaies anglaises et un document qui indiquait que deux navires à vapeur, le *Chili* et le *Pérou*, avaient déjà visité ces lieux.

La découverte de ces objets décida le chef de l'expédition à prendre immédiatement possession de la contrée au nom de la République du Chili. Cérémonie qu'il accomplit en tirant 21 coups de canon pour assurer le pavillon national qu'il venait de hisser en haut d'une perche, au pied de laquelle il enterra quelques pièces de monnaie chilienne et un exemplaire de l'acte qu'il avait rédigé de la prise de possession; puis il plaça, dans un endroit très visible, une pancarte, destinée à faire mieux comprendre aux navigateurs que le pays n'était plus sans maître, portant d'un côté : *République du Chili* et de l'autre, *Vive le Chili* [1] ; et ensuite il regagna son bateau.

Peu de jours après avoir rempli cette partie de sa mission, l'officier chilien eut à exercer la souve-

1. *El Araucano* du 17 novembre 1843.

raineté qu'il allait introduire dans la Magellanie, à propos d'une affaire, très intéressante, qui aurait pu susciter une importante question juridique qu'il serait encore difficile de résoudre parce que le droit international n'a pas déterminé si on peut commencer à occuper un territoire au moyen de bâtiments de guerre stationnés ou en croisière devant ses côtes.

Le conflit auquel nous venons de faire allusion se produisit à cause de l'arrivée à Port Famine, le 22 septembre, du *Phaëton*, navire de la marine militaire française, dont le commandant, lieutenant de vaisseau L. Maissin [1], désireux de faire dire, le surlendemain, une messe à terre, dressa, à cet effet, sur la rive continentale du détroit, une tente qu'il orna extérieurement du drapeau de la France. Le capitaine Guillermos, jugeant ce fait comme une offense au pavillon chilien, qui flottait tout près, en même temps qu'attentatoire à l'intégrité du territoire national, envoya une note à M. Maissin pour l'informer que le Chili était souverain de cette contrée et lui communiquer les motifs de son mécontentement.

L'officier français répondit au commandant de l'*Ancud* que, dans ces régions, ne relevant auparа-

1. Au Chili on croit que cet officier avait mission de prendre possession des côtes du détroit de Magellan au nom de la France. Francisco Fonck, *El Mercurio*, édition de Santiago, du 8 octobre 1901.

vant d'aucune autorité régulière, chaque bâtiment
de guerre qui passait avait pour habitude de s'y
établir momentanément et de hisser son drapeau
sur les baraques et autres ouvrages qu'il y con-
struisait : usage qui lui avait fait supposer que le
pavillon chilien se trouvait là en signe d'une possession limitée et passagère et non en vertu d'une
occupation générale et permanente, relativement à
l'effectivité de laquelle il appartenait, d'ailleurs, au
gouvernement de Louis Philippe de se prononcer.

La réponse du lieutenant de vaisseau Maissin
indique que les côtes du détroit de Magellan étaient
considérées comme *res nullius* depuis un grand
nombre d'années et que le principe que l'occupation, par un État, de nouveaux territoires coloniaux
doit être notifiée aux autres Puissances afin de les
mettre à même de faire valoir, lorsqu'il y a lieu,
leurs réclamations, existait longtemps avant que la
Conférence africaine de Berlin le formulât, sous un
extérieur restreint, dans l'article 34 de son acte
général.

Or, comme la prise de possession des bords du
bras de mer mentionné n'avait pas été portée à la
connaissance du gouvernement français, le commandant du *Phaéton* ne méritait point le reproche
de méconnaître les droits du Chili que lui adressa
l'officier chilien.

Le capitaine Guillermos, n'ayant pas encore débarqué ses troupes, ne pouvait même pas se baser sur l'existence d'une autorité chilienne dans la contrée pour protester contre la manière d'agir de M. Maissin.

Mais aurait-il pu soutenir que l'*Ancud*, par sa présence dans le détroit de Magellan, occupait effectivement ce canal et ses côtes ? Nous ne le croyons pas, parce que la souveraineté des bâtiments de guerre, ne s'étendant sur aucune parcelle des eaux qui entourent leur coque, ne peut pas se communiquer au territoire.

La discussion relative au différend survenu entre Maissin et Guillermos aurait pu nous renseigner sur cette question, mais elle ne fut poussée que jusqu'au point où nous l'avons laissée. L'officier français partit bientôt pour le Pacifique et le capitaine chilien ne tarda pas à prendre la direction opposée dans l'intention d'aller fonder un établissement militaire sur l'île Isabelle ; mais, ayant trouvé que ce lieu ne réunissait pas les conditions nécessaires pour cela, il regagna Port Famine et il y construisit un fort, appelé *Bulnes*, en l'honneur du général de ce nom qui était à l'époque le Président de la République du Chili, qu'il baptisa le 30 octobre suivant et dans lequel il laissa une petite garnison lorsqu'il revint au nord pour rendre compte à l'autorité supérieure de l'accomplissement de sa mission, à laquelle son gouvernement attribuait une grande importance politique, agricole, commerciale et humanitaire.

En prenant possession des côtes du détroit de Magellan, le Chili poursuivait un but assez complexe, car il se proposait de réaliser l'intégralité de son territoire, de civiliser et d'exploiter la contrée en question et de protéger les marins en détresse dans la région. Programme qu'il a rempli avec une rare persévérance, quoiqu'il ait souvent été dérangé par des difficultés très sérieuses.

c) Colonisation de la Magellanie. — Pour mener à bonne fin l'œuvre qu'il venait d'entreprendre, le gouvernement chilien avait besoin de créer un centre de population sur une des côtes du détroit de Magellan ; aussi eut-il soin de fournir au personnel du fort Bulnes tout ce qui était nécessaire à sa subsistance et de mettre un bâtiment de guerre à son service dans la baie de San Felipe.

Mais, malgré les attentions dont il ne cessa d'être l'objet, l'établissement militaire de Magellan eut, pendant les premières années, une existence des plus précaires, parce qu'il fut converti en pénitencier [1], était situé dans un endroit exposé à la fureur du vent qui menaçait à chaque instant d'en-

1. V. Perez Rosales, *Ensayos sobre Chile*, p. 259.

lever les demeures en planches des habitants et manquait d'unité administrative[1].

Cette colonie formée en partie de forçats obligés de garder militairement le détroit et de travailler sous la surveillance de gardiens, n'avait pas non plus de terrains convenables pour exercer son activité et, en conséquence, elle ne pouvait ni vivre par elle-même ni se développer[2].

Afin de faire disparaître autant que possible ces inconvénients, le gouvernement mit, en exécution d'une loi du 30 août 1848[3], l'établissement de la Magellanie sous la direction unique du ministère de la marine et, l'année suivante, il le transporta à Punta Arenas, lieu plus abrité et moins rebelle à l'industrie agricole que Port Famine, où il ne laissa que quelques hommes pour garder le fort.

Mais ces innovations ne purent pas produire, tout d'abord, les effets qu'on en attendait, parce que, bientôt après que les déportés, soumis à un régime un peu arbitraire qui n'avait rien de rigoureux, eurent commencé à défricher des terres dans les

1. Quant à sa direction et à ses fournitures, il relevait de l'intendant de Chiloé; pour tout ce qui se relierait aux moyens de défense, il dépendait du commandant général de la marine.

2. En 1848, elle ne se composait que de 558 habitants : 180 soldats et 158 condamnés.

3. Cette même loi érigea en gouvernement maritime toute la portion de territoire qui se trouve au sud de la péninsule de Tres Montes. *Boletin de la Leyes* 1848, p. 458.

environs de la colonie, le bourg de Punta Arenas,
dont l'ordre avait été légèrement troublé, vers le
milieu de 1851, par une évasion de prisonniers et
par l'incendie de plusieurs maisons des alentours,
fut presque entièrement détruit par suite d'un
mouvement insurrectionnel.

Au Chili, comme d'ailleurs dans toutes les Républiques américaines, les esprits sont un peu plus
agités que d'habitude au moment de l'élection pré-
sidentielle. Celle qui eut lieu au commencement de
la seconde moitié du dix-neuvième siècle provoqua
une grande effervescence contre M. Manuel Montt,
candidat, pour ainsi dire officiel, qui avait beaucoup
d'ennemis politiques, à la tête desquels se trouvait
le général Cruz.

Manuel Montt, favorisé par les suffrages, monta
à la magistrature suprême de la nation ; mais, dès
qu'il fut investi du pouvoir, ses adversaires se
mirent en révolution et troublèrent la paix sur plusieurs points du territoire.

A Punta Arenas, un lieutenant d'artillerie,
nommé Michel Joseph Cambiazo, sous le prétexte
de proclamer Président de la République le général Cruz et de se diriger au nord afin de se joindre
aux partisans de ce chef militaire, qu'il supposait
en lutte armée contre les forces du gouvernement,
souleva la garnison, dans la nuit du 19 novembre 1851, se rendit maître de la place et entreprit

la destruction de la colonie qui réunissait alors un peu plus de sept cents personnes. Pendant que les habitants paisibles, effrayés, couraient se réfugier dans les bois, il s'empara de deux petits navires, la *Florida* et la *Eliza Cornish* ; fit fusiller le proprié-taire du premier, le capitaine et le subrécargue du second, le gouverneur de la Magellanie, l'aumônier, un bouvier, un détenu, trois Indiens et une In-dienne, sans qu'on ait pu découvrir d'autres motifs que le plaisir qu'il devait avoir à faire souffrir les gens ; mit le feu dans tous les monuments publics et dans un grand nombre de maisons particulières et traîna par les rues et par les champs les meubles et les provisions qui n'avaient pas d'utilité pour lui. Lorsqu'il eut rassasié sa soif de pillage et d'or-gies, il embarqua tout son monde sur les deux bateaux qu'il avait capturés et partit vers le Pacifi-que, toucha à Port Famine, afin de prendre des munitions et de brûler le fort Bulnes, et avança jusqu'à une baie dans laquelle se trouvait un bâti-ment français échoué depuis peu de temps. Là, le perfide insurgé débarqua quarante-sept individus dans le but apparent de leur confier la garde des liqueurs qu'il feignait vouloir retirer du vaisseau naufragé, quand, en réalité, c'était pour se débar-rasser d'eux afin de pouvoir sauver plus facilement sa tête et à peu près un demi-million de francs que ses métaux lui avaient produit ; car, dans la nuit du 13 janvier 1852, il les abandonna sur la plage et, accompagné de ses principaux complices, il se dirigea vers l'Atlantique, avec la *Florida* seule, pour se rendre à Montevideo ou à quelqu'autre port de la côte orientale de l'Amérique du Sud.

Cette félonie eut un triste lendemain pour Cambiazo, parce que, tant à cause de la mauvaise impression qu'elle produisit chez les partants qui ne l'avaient pas concertée que pour avoir dévoilé les véritables intentions de ce bandit, elle fit bientôt éclater une contre-révolution à bord, à la suite de laquelle le terrible insurgé de Punta Arenas fut mis aux fers et conduit au port d'Ancud, où la *Florida* alla se livrer aux autorités constitutionnelles, en passant par le cap Horn.

Le gouvernement, surpris sans forces maritimes disponibles par la nouvelle du soulèvement de la colonie, qui mit plus de six semaines pour lui arriver, résolut, afin d'agir plus vite, d'opérer au moyen de l'aide que lui fournit le chef d'une division navale étrangère dans le Pacifique.

En effet, dès qu'il eut connaissance de la sédition, il demanda et il obtint qu'un vaisseau de la marine militaire britannique, la *Virago*, coopérât à l'action d'une expédition de deux bâtiments de guerre et de deux compagnies de troupes de terre, dont le commandement avait été confié au capitaine de frégate Georges Bynon, qu'il se proposait d'envoyer au sud pour soumettre les rebelles. Mais, comme cette escadre n'était pas en état de prendre immédiatement la mer, le capitaine Bynon, accompagné de quelques officiers, s'embarqua sur la *Virago* et procéda, à côté du commandant de ce navire, W. H. Stewart, à la pacification de la Magellanie.

Le bâtiment de guerre anglais sortit de Valparaiso le 16 janvier et entra le 27 du même mois dans le détroit de Magellan où, le lendemain, il s'empara de la *Eliza Cornish* et continua sa route. En arrivant à Punta Arenas il aperçut le drapeau chilien hissé en haut d'une perche au pied de laquelle il recueillit trente-quatre des hommes que Cambiazo avait abandonnés. Les treize autres étaient partis, à cheval, pour la République Argentine.

Comme ces fugitifs pouvaient revenir et attaquer les voyageurs, de passage par le canal, qui seraient descendus à terre, le capitaine Bynon et le commandant Stewart essayèrent de les prendre et, quand ils perdirent l'espoir de les atteindre, ils rebroussèrent chemin. Mais, avant de quitter la péninsule de Brunswick, ils placèrent un écriteau sur le quai d'embarquement de Punta Arenas, et un autre à San Felipe, pour faire savoir aux marins, qui se seraient arrêtés dans ces lieux, que la région était dépourvue d'autorité. Circonstance qui signifie que les côtes du détroit de Magellan étaient redevenues *res nullius*, à moins que le droit international n'ait inco-

lontairement omis d'établir que : *les États ne per-
draient pas la possession d'un territoire colonial par
suite de la disparition accidentelle et temporaire de la
force qui l'occuperait.*

La *Virago*, conduisant la *Eliza Cornish* à la remor-
que, se rendit à Ancud dans l'intention de terminer
là sa mission ; mais, ayant rencontré la *Florida* dans
ce port, elle convoya les deux bateaux insurgés jusqu'à Valparaiso [1].

Quant aux révolutionnaires, après que le commandant du bâtiment de guerre anglais eût livré
au gouvernement chilien ceux qu'il avait à bord, ils
furent traduits devant la justice et condamnés à
des peines diverses ; huit d'entre eux, Cambiazo et
sept autres, furent exécutés le 4 avril 1852.

Le mouvement subversif qui venait d'être réprimé
ne fit pas renoncer les autorités chiliennes à coloniser les bords du détroit de Magellan puisqu'elles
ne tardèrent pas à recommencer à les peupler ;
mais ce fut moins dans le but de reformer l'ancien
établissement pénal [2] que pour y créer une colonie purement agricole. A cet effet, elles y envoyèrent
un nouveau gouverneur, des employés publics, une
trentaine de soldats et quelques colons libres ; per-

1 Rapport de Georges Byron, *El Araucano* du 28 février 1852.

2 *Oficio del Gobierno a la Corte Suprema*, du 1er mars 1852.
Boletin oficial, t. XV, p. 108.

sonnel qui débarqua à Punta Arenas, le 2 septembre de l'année mentionnée, restaura la souveraineté du Chili dans la contrée et y entreprit des travaux utiles à l'immigration encouragée, désormais, par des rabais considérables dans les frais de transport, par l'absence de tout droit de douane, par la fourniture gratuite d'aliments et par la concession de terres.

Grâce aux diverses mesures de protection prises par le Chili, le sud de la Magellanie se peuplait, peu à peu, de colons actifs qui, en général, passaient le cœur de l'hiver dans Punta Arenas et se répandaient, lorsque la saison le permettait, sur les eaux du détroit et dans la campagne pour se livrer à la pêche, à l'agriculture ou à la recherche de l'or, métal qu'on trouvait en assez grande quantité dans les rivières et dans les ravins.

A la suite et à côté de ces industries intermittentes, on a vu des scieries et des entreprises d'élevage de bétail se fixer, à perpétuelle demeure, dans des lieux écartés de la ville et apporter, en conséquence, la civilisation et le progrès sur plusieurs points du territoire, qui a fini par être exploité dans presque toute son étendue.

Mais le développement de la colonie [1] fut interrompu par une seconde révolution qui éclata à

1. Elle avait environ 1,000 habitants.

Punta Arenas dans la nuit du 11 novembre 1877. Un sergent de la garnison, nommé Isaac Pozo, auquel se joignirent les forçats [1] que les tribunaux envoyaient encore à Magellan [2], s'empara de tous les éléments militaires de la place et commença son œuvre de destruction et de meurtres par l'assassinat du capitaine d'artillerie, Pio Guilardi, qu'il surprit endormi dans ses appartements. Puis, sa horde, armée et en état d'ivresse, envahit la ville en jetant, par son attitude bruyante et féroce, la consternation et l'épouvante dans tous les foyers ; pendant qu'une partie dévalisait les magasins et les maisons particulières en assassinant les gens paisibles, qui couraient en masse se réfugier dans les forêts voisines, l'autre bombardait avec acharnement le palais du gouvernement colonial [3], habité alors par Diego Dublé Alméida et sa famille.

Ensuite, les insurgés, aveuglés par la fumée et par les effets de la boisson, se battirent un moment entre eux et se livrèrent sans frein au vol, au massacre et à l'incendie jusqu'au 13 au soir ; jour où, après avoir fait quarante-quatre victimes, dont

1. Memoria del gobernador de Magellanes. *El Araucano* du 28 février 1873.
2. *Memoria del Ministro de relaciones esteriores*, 1883, p. CXLIV.
3. Note du gouverneur de Magellan Diego. Dublé Alméida. *Diario oficial* du 28 novembre 1877.

vingt-huit morts et seize blessés, et mis le feu à la tour du phare, à l'hôpital et à plusieurs autres établissements publics et privés, ils se mirent en marche, au nombre de cent environ, vers le port de Santa Cruz, en passant par les montagnes et par les *Pampas* de la Patagonie, dans l'intention de s'embarquer pour Buenos-Ayres aussitôt que possible.

Le sergent Pozo ne se trouvait pas dans ce groupe parce qu'il était déjà prisonnier ; car, accompagné de quelques complices armés, il était monté, le 12, sur le *Memphis*, bateau de commerce allemand, revenant du Pacifique, qu'il avait fait arrêter par le capitaine du port pour se faire conduire, bon gré mal gré, à Montevideo ; mais le commandant de ce navire, ayant appris l'état de rébellion de la colonie, par le vice-consul anglais qui était dans les bois à la recherche d'un asile, se mit sur ses gardes et, lorsque les révolutionnaires se présentèrent, il s'empara d'eux, les désarma et continua sa route.

En doublant le cap des Vierges, le *Memphis* se croisa avec le bâtiment de guerre des États-Unis d'Amérique, *Adams*, auquel il fit connaître les événements qui se passaient dans la capitale du territoire de Magellan et remit les captifs.

Arrivé à Punta Arenas, dans la nuit du 14, l'*Adams*[1] livra les prisonniers à Dublé Almeida

1. Note du gouverneur de Magellan, Diego Dublé Almeida. *Diario oficial* du 31 décembre 1877.

et lui offrit ses services pour pacifier le pays. Mais le gouverneur, aidé par l'équipage de la *Magallanes*, corvette de la marine militaire du Chili qu'il était allé chercher dans le golfe de Skiring, avait déjà rétabli l'ordre sur son territoire.

Les insurgés, plusieurs de ceux d'entre eux qui étaient partis pour Santa Cruz étant revenus, passèrent en conseil de guerre au nombre de quarante-deux, dont trente et un furent condamnés : neuf à la peine capitale et les autres à un emprisonnement ou à des travaux forcés plus ou moins longs.

Après ces troubles, la colonie de Magellan reprit sa marche habituelle et, grâce à la réunion de trois circonstances de nature différente, elle ne tarda pas à progresser d'une manière considérable tant au point de vue moral et économique qu'administratif, car la disparition des forçats qu'on cessa d'y envoyer, la débarrassa d'un élément nuisible à sa réputation et à sa tranquillité, l'acclimatation du mouton des îles Malouines, qui y avait été introduit en 1876, lui permit de faire l'élevage sur une grande échelle et de prospérer, et le traité de délimitation territoriale conclu, en 1881, entre le Chili et la République Argentine, mit fin à une longue et grave querelle tendant à en déposséder le premier de ces États qui, désormais, fut plus libre pour prendre à son égard toutes les mesures propres à favoriser son développement

DEUXIÈME SECTION

La question des limites

CHAPITRE PREMIER

DIFFÉREND CHILO-ARGENTIN RELATIF A LA SOUVERAI-
NETÉ D'UNE PARTIE CONSIDÉRABLE DE LA MAGEL-
LANIE.

1. Causes et aspects divers de la question des limites

L'Espagne, souveraine, jusqu'aux premières années du dix-neuvième siècle, de presque toute
l'Amérique latine, n'a jamais tracé exactement les
lignes de démarcation entre les divers pays qu'elle
y distinguait, ce que, d'ailleurs, elle n'aurait pu
faire, parce que certaines parties de ce vaste empire,
n'ayant, pour ainsi dire, pas été explorées pendant
l'ère coloniale, ne lui étaient qu'imparfaitement

connues[1]. Et puis, comme elle considérait que toutes ses possessions du Nouveau-Monde formaient une *unité*, appelée *Les Indes*, elle n'avait pas vu un grand intérêt à déterminer avec précision ce qui appartenait à chacune de ces divisions administratives[2].

Les colonies, quand elles s'émancipaient pour se constituer en États différents, ne pouvaient, en conséquence, que vaguement savoir quelle était l'étendue de leur territoire respectif.

Malgré cette incertitude, les nations sud-américaines se reconnurent réciproquement les frontières qu'elles avaient à l'époque où elles se séparaient de leur mère-patrie, ou en 1810.

Tacitement accepté, d'abord, et incorporé ensuite, dans le traité que les Républiques du Pacifique signèrent, à Lima, le 8 février 1848, ce principe, plus propre à engendrer des conflits qu'à fournir la clef pour les résoudre, est devenu une règle de droit international américain, dont l'application fit naître, entre les gouvernements chilien et argentin, une

1. La Magellanie était si peu connue à la fin du XVIIIe siècle, que le vice-roi du Pérou envoya, en 1790, une escadre vers le sud pour voir si, dans les environs du parallèle 45, il y avait quelque détroit entre le Pacifique et l'Atlantique. Alexandre de Humboldt, *Cristobal Colon y el Descubrimiento de America*, t. I, p. ...

2. Benjamin Vicuña Mackenna, *La Patagonia*, p. 55

querelle des plus intéressantes, à laquelle on donne le nom de *question des limites*.

La question des limites, soumise à l'arbitrage de Sa Majesté Britannique, en 1898, après avoir été discutée, sauf quelques intervalles de répit, pendant cinquante et un ans, a changé trois fois d'aspect au cours de son existence : se référant seulement à la propriété d'un peu plus de la moitié de la Magellanie, au début, elle s'étendit, ensuite, le long des Andes jusqu'au 26° 52' 45" de latitude, et enfin, elle s'est transformée en un différend résultant de l'interprétation des traités des 23 juillet 1881 et 1er mai 1893 et consistant à savoir si ces textes veulent que la ligne de démarcation territoriale suive *l'arête de la chaîne maîtresse desdites montagnes*, comme le prétend la République Argentine, ou passe par *le faîte hydrographique du continent sud-américain*, comme le soutient le Chili[1]

De toutes les difficultés que la délimitation des États de l'Amérique latine a suscitées, celle qui nous occupe est certainement la plus importante au point de vue international, tant à cause de la voie adoptée pour la résoudre que pour avoir occasionné

1. À la question des limites se joignit, en 1898, celle dite de *la Puna de Atacama*, mais elle fut entièrement vidée en 1899. Voir: *La Puna de Atacama*, par Eléodoro Yañez, dans « El Ferrocarril » du 28 octobre et 11 novembre 1898, et *Délimitación de la Puna de Atacama* dans « El Ferrocarril » du 26 mars 1898

une modification profonde dans la condition juridique du détroit de Magellan.

2. La République Argentine proteste contre la prise de possession des bords du détroit de Magellan

Non moins après qu'avant la prise de possession des côtes du détroit de Magellan, le Chili et la Plata entretenaient de très bonnes relations de voisinage en admettant, sans plus de précision, qu'ils étaient séparés par les Andes, ou par la *Cordillère neigeuse*, comme le Roi Charles II l'établit par des lettres patentes du 21 mai 1684. Avec une ligne de démarcation si imparfaitement définie, cette harmonie ne pouvait se prolonger longtemps.

Les contrariétés qui étaient à craindre ne tardèrent pas, en effet, à survenir. Le 13 décembre 1847, la République Argentine envoya une note au Chili pour l'informer qu'elle était souveraine du détroit de Magellan et des terres environnantes, en vertu de titres irréfutables qui remontaient jusqu'à l'époque où l'Espagne prit possession de la contrée, et le prier, par suite, d'évacuer l'établissement qu'il y avait fondé.

Le gouvernement chilien, surpris par cette réclamation, aussi imprévue qu'inquiétante, répondit, le 31 janvier de l'année suivante, que seulement une discussion calme et tranquille de l'affaire en question pouvait décider, avec certitude, à qui appartenait une région qu'on avait toujours considérée comme faisant partie de son pays.

S'apercevant que cette assertion n'était accompagnée d'aucune preuve, le gouvernement de la Plata ne voulut pas en accepter les conséquences et demanda à son interlocuteur de lui faire connaître la source de son droit.

Sur l'invitation qui lui était adressée et poussé par le désir de voir bientôt disparaître une cause permanente de conflits[1], le Chili proposa à la République Argentine de procéder immédiatement à la délimitation entière de leurs territoires au moyen d'experts, nommés en nombre égal par l'une et par l'autre des parties, qui auraient parcouru toute la frontière, produit et discuté, sur les lieux mêmes, les titres invoqués par chacun des pays à l'appui de ses prétentions.

Le gouvernement argentin, peu de temps après avoir été saisi du projet de démarcation imaginé par la Chancellerie chilienne, exprima ses regrets, à celle-ci, de ne pouvoir y souscrire[2], parce que, disait-il, les circonstances du moment ne lui permettaient pas de porter à la fixation générale de la ligne de séparation territoriale l'attention nécessaire

1. À cette époque, il y avait un autre différend entre les deux pays au sujet de quelques terres de la province de Tarca.

2. *Memoria de Relaciones Esteriores*, 1875, p. 7 à 13

à un arrangement de tant d'importance et dont la réalisation ne lui paraissait, d'ailleurs, guère possible avant que les instruments qui allaient servir à en fixer les termes ne fussent examinés à fond.

Voilà donc la question des limites engagée. Le Chili, croyant que l'extrémité méridionale de l'Amérique lui avait toujours appartenu, en prit possession, en 1843, et y fonda une colonie. La République Argentine revendiqua, quatre ans après, la souveraineté de cette contrée, en vertu de titres émanant de la couronne de Castille, et réclama l'évacuation de l'établissement qui s'y trouvait. C'est-à-dire que chacun de ces deux États, se présentant comme le continuateur des Rois d'Espagne, s'attribuait la propriété de ladite région.

Au simple énoncé, ce conflit ressemble à tant d'autres qui s'élèvent fréquemment entre les peuples ; mais, en le regardant d'un peu près, on s'aperçoit qu'il présente un intérêt juridique tout à fait particulier à cause des questions préliminaires qu'on aurait dû étudier pour faciliter sa solution.

3 Manière de résoudre la question des limites

a) Questions préliminaires qu'on aurait dû examiner. — Avant de soutenir qu'ils étaient les successeurs des monarques castillans dans la propriété de l'ex-

trémité australe du Nouveau-Monde, le Chili et
la Plata auraient dû se demander si leur mère patrie
en était souveraine à l'époque où ils conquirent
leur indépendance, parce que, comme ils le reconnurent implicitement, plus tard, puisqu'ils invo-
quèrent la fiction qu'*aucune portion de l'Amérique
espagnole ne pouvait être tenue pour vacante et sans
maître*, le manque d'autorité dans lequel la Magellanie se trouvait depuis plus de deux siècles, l'avait
rendue *res nullius*, à moins que les anciens principes
du droit des gens ne la rattachassent encore à la
nation qui la découvrit.

Or, dans le cas où la Magellanie n'aurait appartenu à personne, le gouvernement chilien serait
devenu maître des territoires disputés par le droit
du premier occupant. S'il avait été reconnu qu'elle
était sous la domination espagnole à la fin de l'ère
coloniale, il aurait fallu examiner si elle faisait réellement partie du Chili ou de la Plata, ou si elle
n'était pas constituée en province indépendante des
pays limitrophes, relevant directement de la métropole, comme, par exemple, à l'époque où Pierre
Sarmiento de Gamboa en était le gouverneur; car,
dans la dernière de ces hypothèses, ni l'un ni l'autre
des États mentionnés n'aurait juridiquement pu, en
sa qualité de successeur de la mère-patrie, réclamer
la propriété d'une portion quelconque de cette

contrée qui, en conséquence, serait, après 1810[1], de vente vacante et sans maître ou aurait continué à appartenir à la couronne de Castille. Dans le premier de ces deux cas, le Chili aurait encore acquis, par l'occupation, la souveraineté des environs du détroit de Magellan et de ses eaux ; et dans le second, l'Espagne lui aurait implicitement cédé la Chonie, les îles et la section du continent qui suivent dans la direction du sud, une zone de la Patagonie et presque tout l'archipel de la Terre du Feu, par le traité du 25 avril 1844[3] dont l'article premier reconnaît l'indépendance de cette République et déclare que son territoire s'étend : du désert d'Atacama au cap Horn, et de la Cordillère des Andes à l'Océan Pacifique.

Une étude sur ces divers points aurait donc mis en relief la condition juridique de la région litigieuse et indiqué, par suite, la voie qu'on aurait dû suivre pour résoudre la question des limites ; mais on n'a pas cru devoir y procéder.

Les *Règles qui devaient présider à la solution de la question des limites.* — Dès l'apparition de la question des limites, chacun des gouvernements chilien et

---

1. Année où la Plata organisa sa première *Junta de Gobierno* et le Chili proclama son indépendance.
2. *El Araucano* du 7 août 1846.
3. L'indépendance de la République Argentine ne fut reconnue par l'Espagne qu'en 1859.

argentin s'est efforcé de démontrer qu'il était le successeur de la couronne de Castille dans la propriété de la partie litigieuse de la Magellanie, sans se demander si la mère-patrie en était souveraine au commencement du XIXe siècle, en invoquant et en publiant les diverses dispositions législatives et administratives, de provenance espagnole, qui semblaient établir que cette contrée appartenait à son pays pendant l'ère coloniale.

Mais, en même temps qu'ils accumulaient et discutaient ces anciens titres, révélant plus souvent une concession personnelle, faite en faveur de certains gouverneurs du Chili ou de quelques vicerois de la Plata pour que les uns ou les autres pussent étendre leur juridiction sur les territoires de Magellan, que l'affectation de cette région à la colonie occidentale ou à l'orientale [1], les États mentionnés s'entendaient sur la manière de régler leur différend. En effet, le 30 août 1855, ils signèrent un traité [2] par lequel ils reconnurent que *leurs frontières étaient celles qu'ils avaient en se séparant de l'Espagne, ou en 1810*, et ajournèrent la discussion de toutes les difficultés relatives à la démarcation territoriale afin de les résoudre, plus tard, avec calme et tranquillité, sans jamais recourir à des mesures violentes, *et de les soumettre à la décision d'une nation*

1. Benjamin Vicuña Mackenna, *La Patagonia*, p. 55.
2. *El Araucano* du 10 mai 1858.

ame, dans le cas où ils ne pourraient pas tomber d'accord [1].

Après avoir ainsi posé les bases de l'arrangement du conflit qui les séparait, les gouvernements chilien et argentin laissèrent passer une dizaine d'années avant d'essayer d'arriver à une entente.

4. Discussion de la question des limites.

La faculté d'éviter la discussion immédiate de la question des limites que le traité du 30 août 1855 accordait aux États contractants, ne pouvait opérer également chez chacun d'eux. Le Chili, étant en possession de l'archipel de la Terre du Feu, du sud et d'une portion de l'ouest de la Patagonie, du reste des côtes du détroit de Magellan et, en conséquence, de tout ce canal, avait intérêt à attendre, tandis que la République Argentine, qui se croyait la véritable propriétaire de ces parties de la Magellanie, devait sentir un besoin pressant d'en évincer son adversaire. Aussi, aurait-il été naturel que celle-ci eût d'ordinaire activé la marche du litige et, cependant, il en fut autrement.

Abandonnée jusqu'en 1865, la question des limites fut reprise par le gouvernement chilien, dans le but, il est vrai, d'augmenter son territoire plutôt que dans l'intention de la résoudre en faisant des con-

1. Article 39.

cessions. L'année précédente, le Chili, prévoyant une rupture prochaine avec le Cabinet de Madrid, envoyait un Ministre Plénipotentiaire à Buenos-Ayres avec la mission d'engager la Plata à embrasser sa cause, dans le cas où les événements le mettraient en guerre avec l'Espagne, et d'aborder l'arrangement relatif aux frontières à la première occasion favorable.

Le diplomate chilien saisit bientôt le gouvernement argentin d'un projet de délimitation, qui divisait longitudinalement la Patagonie en deux parties, pour attribuer celle de l'ouest au Chili et celle de l'est à la République Argentine.

Cette base de transaction, de caractère purement privé[1], ne produisit pas le résultat que son auteur devait en attendre, car, au lieu de satisfaire l'un et l'autre des États intéressés, elle les mécontenta tous les deux; la Plata ne voulut pas la prendre en considération, à cause de la diminution énorme que son acceptation aurait fait subir à la part qui allait lui revenir du territoire qu'elle reputait comme lui appartenant; et le Chili la désapprouva parce qu'il croyait avoir des titres suffisants pour aspirer à toute la Patagonie[2].

1. Elle émanait de l'initiative personnelle du diplomate chilien.

2. *Memoria de Relaciones Esteriores de 1875* — *El Araucano* du 8 février 1876.

Après ces incidents révélateurs des prétentions de chacun des adversaires, la question des limites, dont on ne parla encore plus pendant quelques années, devint l'objet de débats énergiques et très passionnés, qui furent plusieurs fois sur le point de dégénérer en une lutte armée à cause, principalement, de la part bruyante que la presse de l'un et de l'autre pays y prit.

Les négociations diplomatiques, elles aussi, abandonnèrent par moments, la marche tranquille et mesurée qui leur était habituelle pour prendre un ton dont la vivacité était moins propre à conduire à un arrangement pacifique qu'à faire craindre la rupture de la paix.

Le changement dans les rapports entre le Chili et la République Argentine commença à se manifester en 1872, à propos d'un certain mouvement législatif, assez significatif, qui eut lieu dans chacun de ces États.

Vers la fin de 1871, les Chambres chiliennes furent saisies d'une proposition et d'un projet de loi[1], auxquels on attribua, dans la Plata, une portée que, sans doute, ils n'avaient pas.

La proposition de loi tendait à autoriser le Président de la République à concéder à un particulier

---

1. Nous empruntons cette distinction au droit parlementaire français.

3. *Memoria de Relaciones Esteriores*, 1875. p. 19 et 28.

l'exploitation d'une des îles de la partie orientale du détroit de Magellan. Pendant sa discussion, la Légation argentine à Santiago, estimant qu'une concession de ce genre aurait rompu le *statu quo* que les deux gouvernements gardaient relativement aux territoires situés à l'est de Punta Arenas, en fit la remarque au ministre des Affaires étrangères du Chili , objection à laquelle ce fonctionnaire répondit qu'il n'oublierait pas les observations qui lui étaient adressées, quoique son pays fût indubitablement souverain de l'île dont il s'agissait et libre, en conséquence, de prendre à son égard toutes les mesures qu'il jugerait nécessaires [1].

Lorsque ce nouvel incident fut clos par le rejet devant le Sénat de la proposition de loi qui l'avait fait naître, les esprits, qu'il avait agités, auraient dû revenir à leur état normal ; mais il avait trop bien mis en relief la divergence de vues qu'il y avait entre les deux nations pour que les habitants de l'une et de l'autre pussent regarder vers l'avenir sans éprouver d'inquiétude. Aussi, le patriotisme se maintint-il dans une surexcitation toujours prête à faire voir des dangers là où souvent il n'y en avait point.

Le projet de loi visait l'acquisition de deux forts navires cuirassés, destinés à augmenter la marine

1. *Memoria de Relaciones Exteriores*, 1875, p. 30.

de guerre nationale. Son approbation occasionna une alarme considérable à Buenos-Ayres, parce qu'elle y fit supposer que le Chili se préparait à trancher le différend sur le champ de bataille plutôt que de chercher à le régler d'après les principes du droit. Mais, afin de démontrer que ses intentions étaient réellement pacifiques, le gouvernement chilien protesta de ne jamais prendre les armes pour résoudre la question des limites[1], et ramena, ainsi, un peu de calme dans la capitale de La Plata qui, de son côté, avait à répondre à des réclamations semblables à celles que le Plénipotentiaire argentin faisait à Santiago.

Pendant que sa Légation au Chili contrôlait les mesures que le gouvernement de ce pays prenait à l'égard de la Magellanie, la République Argentine déclarait, au moyen d'une loi, que son territoire s'étendait jusqu'au cap Horn[2]; concédait des terres dans la Patagonie aux personnes qui désiraient aller y établir quelque industrie; et discutait un projet de colonisation dans lequel tout le sud de cette dernière contrée était compris. Le Ministre chilien à Buenos-Ayres fit observer à la Chancellerie de la Plata que ces actes lésaient le droit de la nation qu'il représentait[3] et les censura énergique-

1. *Memoria de Relaciones Esteriores*, 1875, p. 90 et 92.
2. Gonzalo Bulnes, *Chile i la Arjentina*, p. 15 et 11.
3. *Memoria de Relaciones Esteriores*, 1875, p. 105.

ment en élevant un peu la voix[1], trop peut-être pour ne pas répandre la croyance que le Chili était disposé à faire la guerre.

Aux relations ainsi tendues entre les deux États, se mêla un fait qui les aigrit encore davantage. En 1871, un bateau anglais, croyant sans doute, que les îles du détroit de Magellan situées à l'est de Punta Arenas étaient vacantes[2], alla y prendre un chargement de guano. Le gouvernement chilien, ayant appris, par son Agent diplomatique dans la Grande-Bretagne, que le fait ne tarderait pas à être répété par des vaisseaux qui, à cette fin, se disposaient à quitter l'Angleterre, publia un avis dans le *Times* de Londres pour faire savoir aux armateurs et aux capitaines de la marine marchande qu'on ne pouvait pas, sans sa permission retirer les produits naturels des côtes ou des îles du détroit de Magellan, ni de celles de la Patagonie, parce que ces territoires lui appartenaient.

Le ministre des Affaires Étrangères du Chili, s'étant aperçu après coup, que cette annonce pouvait, à cause de la façon dont elle était rédigée, déplaire à la nation argentine et lui donner envie de faire paraître un contre-avis dans la presse européenne, invita le Représentant de la Plata, à San-

1. Gonzalo Bulnes, *Chile i la Argentina*, p. 15
2. *Memoria de Relaciones Esteriores*, 1875, p. 17.

tiago, à se rendre à son Ministère [1] afin de lui en
faire connaître la véritable portée. Dans la conférence que ces deux diplomates eurent, le premier
déclara au second que l'intention de son gouvernement n'avait pas été de comprendre toute la côte
orientale de la Patagonie dans le communiqué
envoyé au journal anglais, ni de s'opposer à la juridiction que la République Argentine exerçait sur les
terres baignées par l'Océan Atlantique, mais d'éviter
la répétition d'entreprises semblables à celle que
le navire britannique, ci-dessus indiqué, avait
naguère accomplie dans le détroit de Magellan
même.

Cette explication, sans satisfaire le Plénipotentiaire argentin, puisqu'il qualifia la démarche faite
par la Chancellerie chilienne auprès de la presse de
Londres de contraire au *statu quo* que les deux États
devaient observer à l'égard de la contrée litigieuse,
fournit un argument à la Plata pour soutenir que
le Chili lui avait implicitement reconnu le droit illimité de legiférer sur toute la Patagonie[2], et, en conséquence, elle ajouta aussi aux difficultés qu'on
avait à résoudre.

Les premiers les incidents que nous venons de
mentionner, quoique très fâcheux, eurent cependant
leur bon côté; car, en répandant la crainte de

1. *Memoria de Relaciones Esteriores* 1875 p. 48.
2. *Memoria de Relaciones Esteriores*, 1875, p. 149.

la survenance possible de nouvelles complications
dont on ne pouvait prévoir ni la gravité ni les suites,
ils firent sentir aux gouvernements en dispute le
besoin urgent d'arriver à une entente.

A cet effet, le Chili proposa un arrangement provisoire par lequel il se réservait l'administration de
l'archipel de la Terre du Feu, de la partie de la
Patagonie située au sud de *Puerto Deseado* et du
détroit de Magellan.

Le gouvernement argentin, qui ne cessait de se
croire souverain de toute la Patagonie, ne voulut
pas consentir que ce pays fût démembré et demanda
un règlement définitif qui le lui allouât en entier
et le rendît maître de la portion du canal de Magellan et de la Grande Ile de la Terre du Feu qu'une
ligne, tirée de la baie de Pecket au pôle sud, aurait
laissée à l'est, ou le recours à l'arbitrage prévu
dans l'article 39 du traité de 1855 [1].

Ces bases de transaction, en donnant une idée
approximative de l'importance du différend, firent
comprendre aux deux nations intéressées qu'elles
avaient trop à rabattre de leurs formules pour pouvoir être sûres d'établir un accord.

La diplomatie continua cependant à s'occuper de
la solution du conflit et elle aurait certainement
obtenu quelque diminution dans les prétentions des

[1] *Memoria de Relaciones Esteriores*, 1875, p. 17.

deux États si un télégramme officiel [1] ne l'avait su-
bitement dérangée. Le 23 juin 1873, le Chili annonça,
par dépêche télégraphique, au gouvernement argentin que, sur les territoires dont il était en possession pacifique, lesquels avaient le fleuve Santa-Cruz
pour limite septentrionale [2], il ne tolérerait, dans
l'avenir, l'exécution d'aucun acte contraire à sa
souveraineté

Après une déclaration semblable, exprimant plutôt l'intention d'imposer par les armes les conditions du partage de la Magellanie que le désir de
les discuter paisiblement, le règlement direct des
frontières entre les Puissances rivales devint, pour
ainsi dire, impossible. Aussi, dès qu'elle arriva à
destination, on commença à songer sérieusement,
tant d'un côté que de l'autre des Andes, à faire résoudre la question des limites par un gouvernement
ami ; mais chacune des nations en désaccord se com-
porta, à l'égard du territoire qu'elle revendiquait,
comme si elle en eût été pleinement souveraine et,
par suite, elle contribua involontairement à rendre
l'arbitrage plus difficile à constituer.

1. Benjamin Vicuña Mackenna, *La Patagonia*, p. 11.
2. *Memoria de Relaciones Esteriores*, 1877, p. 15.

3° Projet d'organisation d'un tribunal arbitral

a) *Événements qui empêchèrent les négociations relatives à l'arbitrage d'aboutir.* — Lorsque le Chili et la République Argentine eurent perdu l'espoir d'arriver par eux-mêmes à vider leur différend, ils essayèrent de s'entendre afin de le faire trancher par l'arbitre dont il est question dans le traité du 30 août 1855. Mais, pendant qu'ils travaillaient à l'organisation du tribunal arbitral qui devait les mettre d'accord, de nouvelles complications surgissaient et détruisaient leur labeur.

Un changement de Président dans la République Argentine [1] empêcha, en 1874, qu'une entente d'arbitrage, formulée à Buenos-Ayres entre le Représentant du Chili et le gouvernement argentin [2], reçût la signature des Plénipotentiaires et obligea à recommencer les négociations qu'on croyait presque terminées.

Ce fâcheux incident fut bientôt suivi d'un autre, non moins déplorable, connu sous le nom de l'*affaire de la Jeanne Amélie*

La *Jeanne Amélie* était un bateau français qui,

---

1. Note du gouvernement argentin, du 25 avril 1871. *Memoria de Relaciones Esteriores*, 1871, p. 171.

2. *Memoria de Relaciones Esteriores*, 1873, p. 71 et suivantes.

3. *Memoria de Relaciones Esteriores*, 1876, p. 119 et 175.

affrété à Montevideo par un citoyen argentin, nommé Jean Quevedo, pour aller, avec l'autorisation du consul de la Plata dans cette ville, prendre du guano sur la côte de la Patagonie, partit vers le sud, le 27 janvier 1876 et alla mouiller en face l'île de Monte Leon, situé dans le territoire litigieux, où, le 27 avril suivant, il fut capturé par un bâtiment de guerre chilien[1], et pendant qu'il était conduit à Punta Arenas, par une partie de l'équipage du vaisseau capteur, il fit naufrage et se perdit totalement au cours d'une tempête qui le surprit près du cap Dungeness.

Une affaire de cette nature ne pouvait qu'ajouter aux difficultés que le Chili et la République Argentine éprouvaient pour organiser l'arbitrage, tant parce que chacun de ces États y voyait un attentat[2] contre sa souveraineté[3] qu'à cause des actions pécuniaires qu'elle allait faire naître.

Les particuliers lésés par la capture et la perte de la *Jeanne Amélie* ont, en effet, produit leurs doléances afin d'être indemnisés; mais ils n'ont pas agi directement[4]. Quevedo confia aux soins de son

1. *Memoria de Relaciones Exteriores*, 1876, p. ... — *Boletín Oficial* du .. novembre 1889 p. ...
2. Note du gouvernement argentin du 5 janvier 1877 — *Memoria de Relaciones Exteriores*, 1877, p. 13.
3. Note du Plénipotentiaire ... publié à Buenos Ayres, du 30 mars 1877 — *Memoria de Relaciones Exteriores*, 1877, p. ...
4. *Memoria de Relaciones Exteriores*, 1888, p. XLI et LXXIV.

gouvernement la demande en dommages-intérêts qu'il allait intenter contre le Chili, et les propriétaires et un passager français du bateau submergé s'adressèrent à la Chancellerie française qui consentit à appuyer officieusement leurs réclamations [1].

De leur côté, les gouvernements chilien et argentin qui, en se partageant, en 1881, le territoire disputé avaient tacitement fait disparaître la question de l'attentat contre la souveraineté de l'un et de l'autre d'entre eux que l'affaire de la *Jeanne Amélie* avait soulevée, résolurent, en 1885, de verser chacun la moitié des sommes qui seraient légitimement dues aux Français lésés par suite de la saisie dudit navire et invitèrent, par annonces, ces plaignants à se présenter au Ministère des Affaires Étrangères de la République de la Plata pour y déposer leurs plaintes afin que justice pût leur être faite.

Un autre conflit, qui aurait pu avoir des conséquences très graves, se produisit en 1877, à propos du *Thomas Hunt*, bateau nord-américain auquel le gouverneur du territoire de Magellan avait donné la permission d'aller faire un chargement de sel près de l'embouchure du fleuve Santa-Cruz, lieu où se trouvaient quelques colons argentins qui s'opposèrent énergiquement à l'exécution de l'entreprise [2].

---

1. *Memoria de Relaciones Exteriores*, 1885, p. XIII.
2. *Boletin Oficial* du 19 juillet 1878, p. 131.

Porte, au moyen d'une interpellation[1], devant la Chambre chilienne des députés, ce fait y suscita une discussion très vive, dont les termes occasionnèrent un mécontentement considérable à Buenos-Ayres, parce qu'on en déduisit que le Chili préparait une expédition militaire destinée à occuper le bassin du fleuve mentionné et à en chasser les Argentins qui y résidaient.

Les relations, déjà fort tendues, entre les deux nations, s'aggravèrent énormément à cause de ce nouvel incident, qui marque le commencement d'une période, d'un an et quelques mois, pendant laquelle on n'apercevait d'autres moyens pour résoudre la question des limites que la guerre, surtout après que, dans les premiers jours d'octobre 1878, l'affaire de la *Jeanne Amélie* se fut, pour ainsi dire, exactement répétée.

A l'époque indiquée, la *Magallanes*, bâtiment de la marine militaire chilienne, captura, aux environs du fleuve Santa-Cruz, le navire anglais *Devonshire* qui, muni de l'autorisation du gouvernement argentin, était allé y charger du guano.

Le sentiment national, depuis si longtemps excité de l'un et de l'autre côté des Andes, s'émut tellement, l'année mentionnée, qu'après l'accomplissement de ce dernier fait, il ne pouvait plus être mat-

[1] Au Chili, l'*interpellation* est ce qu'en France on appelle *la question*

frisé. L'aversion réciproque que les Chiliens et les Argentins se manifestèrent, à partir de ce moment, fit craindre, même aux esprits les moins timorés, que l'état de paix ne pût être maintenu[1]

La guerre était, en effet, imminente : les rapports diplomatiques entre Santiago et Buenos-Ayres étaient interrompus ; l'escadre chilienne, que le gouvernement avait armée et approvisionnée à la hâte et le plus secrètement possible, se trouvait réunie dans le port de Lota et prête à partir au premier signal pour l'Atlantique[2] ; et la flotte argentine était sur le point de quitter le *Rio de la Plata* pour se diriger vers le fleuve Santa Cruz.

Les hostilités allaient s'ouvrir lorsque deux hommes également patriotes, Mariano, E. de Sarratea, consul général de la Plata à Valparaiso, et Benjamin Vicuña Mackenna, sénateur et publiciste chilien, se proposèrent de les éviter[3], en mettant à contribution leur vaste intelligence et leur haute position sociale, et commencèrent immédiatement une intéressante campagne en faveur de la paix, qui ne tarda pas à atteindre son but.

a) *Traité de 1878* — Dès que le danger de guerre fut légèrement écarté, les négociations diplomati-

1. Benjamin Vicuña Mackenna, *La Patagonia*, p. 9 et 19.
2. Benjamin Vicuña Mackenna, *La Patagonia*, p. 4 et 18
3. Benjamin Vicuña Mackenna, *La Patagonia*, p. 19 à 40.

ques reprirent leur cours et aboutirent à la conclusion d'un traité[1], signé, à Santiago, le 6 décembre 1878.

Par cette convention, le Chili et la République
Argentine organisaient un tribunal mixte, composé
de deux Chiliens et de deux Argentins, et s'obli-
geaient à lui soumettre leur différend pour qu'il le
résolût juridiquement, en basant son jugement sur
l'*uti possidetis* de 1810 et sur un autre principe, que
leurs Plénipotentiaires appelèrent de droit public
américain, aux termes duquel *aucune portion de
l'Amérique ci devant espagnole ne pourrait être considérée comme « res nullius »*, de manière à attribuer les
territoires litigieux à l'un ou à l'autre d'entre eux.
Les juges, réunis, devaient, avant tout, désigner
un homme d'État américain, ne relevant ni de l'une
ni de l'autre des Puissances signataires, chargé de
trancher les questions qu'ils n'auraient pas pu
résoudre[2]. Le soin de déterminer les matières qui
devaient être soumises à la décision de ce tribunal, la
procédure qu'il aurait eue à suivre, le lieu où il allait
siéger et le jour de l'ouverture de ses audiences, était
réservé à deux commissaires spéciaux, dont un devait
être nommé par le Cabinet de Santiago et l'autre,
par celui de Buenos-Ayres[4].

1. *Memoria de Relaciones Exteriores*, 1879, p. 59
2. Articles 4 et 5
3. Article 4
4. Article 2.

Mais ce pacte, qui devait entrer en vigueur trente jours après l'échange de ses ratifications, formalité à laquelle on n'avait à procéder qu'au bout de huit mois, n'est jamais devenu obligatoire, parce que le gouvernement argentin ne l'a pas ratifié [1].

Le Chili, à cause des difficultés qu'il eut avec la Bolivie, occupa militairement Antofagasta, le 14 février 1879 [2], et le 5 avril suivant il déclara la guerre à cette nation et au Pérou, Républiques qu'un traité d'alliance défensive et offensive unissait secrètement.

En hostilités contre deux Puissances dont les forces réunies étaient supérieures aux siennes, le gouvernement chilien avait intérêt à ne pas augmenter le nombre de ses ennemis. Aussi adopta-t-il une politique tout à fait prudente à l'égard de ses voisins d'orient : il se mit en mesure pour pouvoir échanger à temps les ratifications du pacte du 6 décembre et envoya un Plénipotentiaire *ad hoc* à Buenos-Ayres pour y activer l'approbation de cet acte. Mais, comme le gouvernement argentin ne voulait pas présenter encore aux Chambres [4] le traité en question parce qu'il était persuadé qu'elles

1. *Memoria de Relaciones Esteriores*, 1879, p. XXXIII.
2. *Memoria de guerra i marina*, 1879, p. 8.
5. *Diario Oficial* du 5 avril 1879
4. *Constitution de la République Argentine*, art. 67, n° 19.

allaient le repousser[1], on écarta cette nouvelle difficulté au moyen d'un arrangement provisoire.

c) *Modus vivendi de 1879.* — Voyant qu'il était
impossible de donner cours au traité de 1878, le
ministre des Affaires Etrangères de la Plata et le
Plénipotentiaire du Chili en séparèrent trois articles[2] pour les faire servir de base à un *modus vivendi*
qu'ils signèrent, à Buenos-Ayres, le 3 juin 1879[3].

D'après cette dernière entente, dont la durée était
de dix ans[4], la République Argentine étendait son
autorité sur toute la côte de l'Atlantique et sur les
îles voisines, et le gouvernement chilien prenait
l'administration du détroit de Magellan et des
autres canaux maritimes[5]; mais elle ne fut pas
mise en vigueur, parce que le Sénat argentin lui
refusa sa sanction, quoique le Président de la République l'eût déjà approuvée[6].

L'échec du *modus vivendi* n'eut, heureusement,
d'autres conséquences que celle de suspendre les
négociations relatives à l'organisation du tribunal
arbitral durant une vingtaine de mois.

Pendant ce laps de temps : le Chili triomphait

1. *Memoria de Relaciones Esteriores,* 1879, p. 245.
2. Les articles 6, 7 et 8.
3. *Memoria de Relaciones Esteriores,* 1879, p. 487 et 489.
4. Article 5.
5. Article 1er.
6. *Memoria de Relaciones Esteriores,* 1879, p. 259 et 260.

dans la guerre du Pacifique, laquelle lui procura
l'occasion de connaître pratiquement l'importance
stratégique du détroit de Magellan et lui fit sentir le
besoin de le fortifier, car, par cette voie il recevait
des armes et des munitions en grande quantité et
un navire de la marine militaire du Pérou, l'Union,
guidé par l'espoir de s'emparer de quelques-uns
des bateaux qui lui en apportaient, put aller librement jusqu'à Punta Arenas, rester là du 16 au
18 août 1879, prendre du charbon et se faire fournir
des vivres frais; et la République Argentine resta
complètement neutre.

6 Le traité de 1881

a) *Confection du traité de 1881.* Quand la guerre
que le Chili soutenait contre le Pérou et la Bolivie
arriva près de sa fin, la question des limites fut
reprise, non cependant par les États intéressés,
mais par deux diplomates de mérite[1] dont l'un,
Thomas A. Osborn, était Ministre Plénipotentiaire
des États-Unis d'Amérique à Santiago et l'autre,
Thomas O. Osborn[2], remplissait les fonctions de
Ministre Résident de la même nation à Buenos-Ayres.
Ces deux hommes formèrent le projet et assu-

[1] *Memoria de Relaciones Esteriores*, 1881, p. 56.
[2] Leur désignation ne se distingue que par la lettre initiale
de leur second prénom.

mirent la tâche de résoudre, d'une manière équitable, le conflit qui menaçait depuis si longtemps de troubler la paix entre les deux pays[1] dans lesquels ils avaient momentanément leur résidence.

L'initiative de cette généreuse entreprise vint du chef de la Légation Américaine dans la Plata qui, par lettre du 5 avril 1881, communiqua l'intention d'essayer de l'accomplir à son confrère du Chili en demandant sa coopération[2]. Acceptée par celui-ci, cette proposition prit rapidement corps grâce aux qualités remarquables des négociateurs et au désir que les gouvernements chilien et argentin sentaient de mettre fin à leur fâcheuse querelle, laquelle ils ne pouvaient guère aborder par eux-mêmes parce que, à cause d'elle, ils n'avaient point, à cette époque, d'Agent diplomatique l'un auprès de l'autre.

Dès que le Représentant des États-Unis à Buenos-Ayres fut sûr du concours qu'il sollicitait, il envoya à celui de Santiago les premières bases du futur arrangement, lesquelles il avait prises dans la correspondance échangée, environ deux mois auparavant, entre le consul général de la République Argentine à Valparaiso et un haut personnage politique[3] de cette nation.

1. *Memoria de Relaciones Esteriores*, 1881, p. 55 et suivantes.
2. *Memoria de Relaciones Esteriores*, 1881, p. 155 et suivantes.
5. Le docteur Saenz Peña. Le consul général de la Plata à Valparaiso qui, en 1878, contribua à éviter la guerre, imagina,

A la réception de ces préliminaires officieux, le Ministre nord-américain à Santiago pria le gouvernement chilien de lui indiquer les conditions sous lesquelles il était disposé à liquider le différend qu'il avait avec sa voisine de l'est et, aussitôt qu'elles lui furent révélées, il les transmit, par télégraphe, à la Légation Américaine dans la Plata.

A son tour, M. Thomas O. Osborn demanda au Cabinet de Buenos-Ayres des renseignements semblables, qui lui furent rapidement fournis, puisque quatre jours après avoir reçu la dépêche que nous venons de mentionner il y répondait, par la même voie, pour faire connaître à M. Thomas A. Osborn les lignes fondamentales de l'accord que le gouvernement argentin aurait souscrit.

Par l'arrivée de ce dernier télégramme à destination, les deux diplomates nord-américains furent à même d'étudier les propositions de l'un et de l'autre État, de voir le parti qu'ils pouvaient en tirer et, en conséquence, d'arrêter le plan qu'ils avaient à suivre pour atteindre leur but.

Le procédé qu'au commencement, ils adoptèrent fut de discuter les bases qu'ils avaient entre leurs mains, dans des conférences privées, avec le ministre des Affaires Étrangères du gouvernement près duquel ils étaient respectivement accrédités, afin d'obte-

en 1881, une formule, pour régler la question des limites, qu'il soumit à l'appréciation du docteur mentionné.

nir quelque adoucissement dans les prétentions de chaque nation et de se communiquer l'opinion personnelle qu'ils se formaient dans ces réunions, comme aussi les avantages qu'ils en retiraient au point de vue du succès de leurs démarches.

Cette manière d'agir amena un léger rapprochement entre le Chili et la République Argentine dont on profita pour acheminer ces deux pays vers un arrangement ferme et direct; car jusqu'au 31 mai, les négociations ne visèrent que la conclusion d'un pacte d'arbitrage et, à partir de ce jour, elles poursuivirent la confection d'un traité définitif de limites, à cause, principalement, des difficultés qu'on éprouvait pour constituer un tribunal arbitral et pour déterminer sa compétence.

Le projet d'aborder la solution même du différend relatif aux frontières fut imaginé par M. Thomas O. Osborn, qui en fit accepter le principe au gouvernement argentin et en soumit l'idée à son confrère du Chili en lui demandant de prier le Cabinet de Santiago de formuler officiellement les bases de règlement indirect que naguère il avait proposées sous la forme de simple indication.

Le gouvernement chilien s'empressa de remplir cette formalité au moyen d'une note dont M. Thomas A. Osborn transmit télégraphiquement le contenu à la Légation de son pays dans la Plata en y ajoutant un article complémentaire tendant à faciliter la transaction par l'allocation de compensations pécuniaires.

Les bases de l'arrangement ainsi souscrites par le Chili furent portées à la connaissance du Cabinet Buenos-Ayres qui y répondit officiellement en les acceptant sous certaines réserves.

Envoyée à Santiago et mise entre les mains du gouvernement chilien par l'intermédiaire du Représentant des États-Unis, la réponse de la République Argentine fut suivie d'un débat diplomatique, très intéressant, que les deux nations en désaccord engagèrent, en utilisant toujours la voie indirecte de transmission qu'elles avaient à leur disposition. Mais la discussion ne fut malheureusement pas assez complète pour permettre de découvrir le sens exact de la convention à laquelle elle aboutit bientôt. Le 28 juin, les gouvernements chilien et argentin avaient aplani tous les obstacles qui s'opposaient à la conclusion d'une entente définitive ; et, le 23 juillet suivant, ils signèrent, à Buenos-Ayres, au moyen de Plénipotentiaires spécialement constitués à cet effet, un traité de délimitation territoriale qui devait mettre fin à leur longue querelle et ne fit que la changer de place.

b   Aperçu sommaire sur le dispositif du traité du 23 juillet 1881. — Dûment approuvé par le pouvoir législatif de chacune des puissances signataires, le traité du 23 juillet 1881 [1], n'ayant été soumis ni à terme ni à condition pour devenir obligatoire, est entré en vigueur par l'échange de ses ratifications, formalité qu'on remplit dans la ville de Santiago, le 22 octobre de l'année mentionnée. Il contient trois clauses principales : la démarcation théorique des frontières qui séparent le Chili et la République Argentine ; l'engagement, pour ces deux États, de soumettre à la décision d'un arbitre les difficultés qui s'élèveraient entre eux à cause de la transaction que ce pacte comporte ou pour tout autre motif ; et l'obligation de n'exercer qu'une souveraineté restreinte dans le détroit de Magellan et sur ses côtes.

De la première et de la deuxième de ses importantes dispositions, nous nous bornerons à en indiquer les traits essentiels ; la troisième, nous l'étudierons à fond un peu plus loin.

La limite entre le Chili et la République Argentine, dit le traité de 1881 [2], est, du nord au sud jusqu'au parallèle 52, la Cordillère des Andes. La ligne frontière courra sur ce parcours par les sommets les plus élevés desdites Cordillères qui divisent les eaux et passera entre les versants qui descendent de l'un et de l'autre côté.

Dans la région australe du continent et au nord

1. *Diario Oficial*, du 28 octobre 1881, p. 1769.
2. Article 1er, alinéa 1er.

du détroit de Magellan, la limite entre les deux pays, ajoute le même texte[1], sera une ligne qui ira, par terre, du cap de Dungeness au mont Dinero et se prolongera vers l'ouest pour passer par les crêtes de la chaîne de collines qui existe dans la contrée, toucher au mont Aymond et au point où les degrés 70 de longitude et 52 de latitude se croisent et suivre, ensuite, le long de ce parallèle jusqu'au *divortium aquarum*[2] des Andes. Et dans la Terre du Feu, poursuit-il, la ligne de démarcation territoriale commencera au cap Espíritu Santo et se dirigera directement au sud, en se confondant avec le 68°34'00" de longitude occidentale du méridien de Greenwich ; mais, arrivée au canal de Beagle[3], elle tournera vers l'est et longera cette voie maritime jusqu'à l'Océan Atlantique, où elle finira.

Les territoires situés à l'est et au nord des lignes mentionnées[4] furent déclarés argentins[5], et chiliens ceux qui se trouvent à l'ouest et au sud de ces limites théoriques.

D'après ce partage[6], la République Argentine avait donc droit au versant oriental des Andes, à

1. Article 2, alinéa 1er.
2. Les termes du traité sont : *divortia aquarum*.
3. Article 3, alinéa 1er.
4. Alinéa 2 des articles 2 et 3.
5. Article 6, alinéa 1er.
6. *Memoria de Relaciones Exteriores*, 1885, p. CXXXVIII.

toute la Patagonie, moins une petite bande méridionale, à la partie de la côte septentrionale du
détroit de Magellan comprise entre les caps Dungeness et des Vierges, et a presque la moitié de la
Grande île de la Terre du Feu ; et le Chili était
propriétaire du versant occidental des Andes, de la
lisière australe de la Patagonie, de l'archipel de la
Terre du Feu, sauf d'un peu moins de la moitié de la
Grande île de ce nom et des deux rives du détroit
de Magellan, dans toute leur longueur, à l'exception, cependant, du morceau de celle du nord qui
s'étend du cap Dungeness à celui des Vierges

Mais, comme avant de tracer la frontière sur le
terrain même, ces États ne pouvaient savoir au
juste ce qui appartenait à chacun d'eux, ils sentirent
le besoin d'aviser immédiatement aux moyens
d'exécuter cette opération. Aussi, par la convention
qui nous occupe, établirent-ils que la délimitation
effective de leur territoire se ferait sous la direction
d'une Commission internationale[1], composée de
deux experts[2], et où l'un devait être nommé par
la République Argentine et l'autre, par le Chili, et
investie de la mission de résoudre annuellement les
difficultés qu'à cause de la bifurcation des Andes,

1. L. de des États se trouvait également dans son lot.
2. Article 3
3. Peritos

il pouvait y avoir, dans certains endroits, pour déterminer la ligne de la séparation des eaux ; que les conflits susceptibles de se produire entre les experts seraient tranchés par un juge choisi de commun accord par les deux gouvernements[1] ; et que des travaux de la Commission internationale, et de ceux du personnel placé sous ses ordres, on dresserait un acte, en double exemplaire, qui serait obligatoire pour les parties contractantes dès qu'il porterait la signature des experts, ou la leur et celle du tiers magistrat, lorsque son intervention serait requise.

Après avoir jeté les bases de cette institution, de laquelle ils avaient beaucoup à attendre en faveur du maintien de la paix, les gouvernements chilien et argentin, désirant ne rien négliger pour éviter la guerre, s'obligèrent à soumettre à la décision d'une nation amie tous les différends qui s'élèveraient entre eux au sujet de l'arrangement trans-scrito qu'ils faisaient, ou à l'occasion de tout autre fait, c'est-à-dire qu'ils prirent l'engagement de vider, dans l'avenir, toutes leurs querelles au moyen de l'arbitrage. Mais, en ce moment, ils ne s'occupèrent de l'arbitre que pour déclarer indirectement qu'il ne pourrait jamais devenir compétent

1. Article 1er, alinéa 4 et 5.

pour modifier les frontières fixées par le pacte que nous analysons [1].

Telles sont les diverses dispositions relatives à la démarcation territoriale que contient le traité du 23 juillet 1881. Elles changèrent complètement l'aspect de la question des limites et créèrent deux organes, destinés à la résoudre, dont nous allons dire quelques mots, tant parce qu'ils ont une importance historique considérable, puisque le fonctionnement de l'un a révélé que, dans les montagnes, la frontière entre les États peut suivre désormais trois lignes différentes des faîtes et que l'organisation de l'autre est la première application, dans la pratique, de l'arbitrage général et permanent à la solution des conflits internationaux, qu'afin de pouvoir mieux mettre en lumière la condition juridique du détroit de Magellan.

1. Article 6, alinéa 2.

CHAPITRE II

LA COMMISSION INTERNATIONALE

1. Nomination des experts

La question des limites qui, au début, se rapportait seulement à une partie de la Magellanie et était un litige purement juridique, s'étendit vers le nord jusqu'à la Bolivie et devint, en 1881, un débat presque exclusivement géographique dont la solution allait être confiée à deux experts, à la nomination desquels on procéda au bout de quelques années.

Quand le Chili et la République Argentine eurent établi les règles qui devaient servir à faire la démarcation de leurs frontières, ils les appliquèrent dans la mesure du possible en admettant, en même temps, que chacun d'eux continuerait à occuper les territoires de nationalité douteuse[1] qu'il possédait auparavant.

1. *Memoria de Relaciones Exteriores*, 1888, p. XXX

Cet état de choses, si imparfaitement défini, ne tarda pas à amener certains conflits militaires et agricoles[1] qui firent comprendre aux deux Puissances qu'il y avait urgence à tracer effectivement les lignes de séparation territoriale.

Afin de satisfaire ce besoin, les gouvernements chilien et argentin signèrent, le 20 août 1888, un nouveau traité[2] par lequel ils s'engagèrent à nommer les experts dans le courant des deux mois qui suivraient l'échange des ratifications de ce pacte, et à ne pas laisser l'emploi vacant, dans la suite, pendant plus de soixante jours[3]; établirent que ces hauts fonctionnaires devaient se réunir dans la ville de *Concepción* le quarantième jour après leur nomination pour s'entendre sur la manière de commencer leurs travaux et au sujet d'autres questions relatives à leur mission[4]; précisèrent davantage les attributions qui devaient appartenir à la Commission internationale et formèrent le cadre du personnel auxiliaire qui allait lui être adjoint. Les experts furent chargés de désigner la ville dans laquelle ils allaient placer leur bureau et de fixer les saisons auxquelles on devait se rendre sur les

1. *Memoria de Relaciones Esteriores*, 1890, p. XXXVII
2. *El Ferrocarril* du 15 mars 1898, le publie en entier
3. Article 1er
4. Article 9.
5. Article 5

lieux à délimiter[1]; ils avaient ordre de marquer eux-mêmes les frontières sur le terrain[2], mais ils pouvaient confier l'exécution de cette opération à des *commissions mixtes*, ou composées d'un nombre égal des subordonnés dont l'un et l'autre devaient être entourés; et enfin, chacun d'eux était obligé de faire connaître à son gouvernement les conflits que son collègue et lui n'auraient pu résoudre pour que les Cabinets de Santiago et de Buenos-Ayres désignassent le juge appelé à rétablir l'harmonie[3].

L'échange des relations du pacte qui nous occupe eut lieu le 11 janvier 1890[4] et les experts, dont la nomination fut faite avant le 11 mars suivant, se réunirent à Concepcion, accompagnés de plusieurs de leurs auxiliaires[5], le 20 avril de l'année mentionnée.

1. Article 8.
2. Article 3.
3. Articles 2, 4 et 6.
4. *Memoria de Relaciones Esteriores*, 1890, p. XXX et suivantes.
5. Les auxiliaires étaient, en général, des ingénieurs et des géographes.

2 Difficultés auxquelles les experts se heurtèrent et les traités de 1893 et de 1896

Dans la première conférence que l'expert chilien, M. Diego Barros Arana, et l'expert argentin, M. Octavio Pico, eurent, ils décidèrent de commencer simultanément, au printemps suivant, les travaux de délimitation par la partie des Andes, appelée *Paso de San Francisco*, qui se trouve entre les degrés 26 et 27 de latitude, et par la Grande île de la Terre du Feu, en allant du nord au sud ; et de marquer les lignes de séparation entre les deux pays au moyen de bornes[1], en forme de pyramide triangulaire, de cinq mètres de hauteur.

Mais l'époque fixée pour procéder au bornage fut un peu reculée parce qu'une guerre civile dans la République de la Plata[2] et la révolution chilienne de 1891 empêchèrent, pendant quelque temps, les experts de se réunir

Lorsque ces obstacles politiques eurent disparu, M. Octavio Pico se rendit au Chili, pays dans lequel étaient situés les bureaux de la Commission internationale, et eut des entrevues avec M. Diego Barros Arana dès les premiers jours de janvier 1892.

1. Hitos ou mojones.
2. Diego Barros Arana, *La Question de limites*, 1898, p. 57

Au cours de ces réunions, il s'éleva un sérieux désaccord entre les deux experts à propos des instructions qu'ils désiraient donner à leurs auxiliaires qui se trouvaient, alors, sur le point de partir pour aller commencer le tracé des frontières sur le terrain même. Quand cette difficulté eut été écartée, une commission mixte se dirigea au nord et planta la première borne[1] de la délimitation territoriale dans l'endroit de la Cordillère des Andes appelé « Paso de San Francisco ».

Cette opération, de laquelle il fut dressé acte le 15 avril 1892, amena un conflit qui faillit tout gâter. L'expert argentin, M. Valentin Virasoro, qui succéda à M. Octavio Pico, mort peu de jours avant que la borne de San Francisco fût placée, et le Ministre Plénipotentiaire de la Plata à Santiago, croyant qu'elle devait être posée moins loin du Pacifique, contestèrent la force obligatoire de ce premier jalon[2] et demandèrent au gouvernement chilien de consentir que la Commission internationale fît une nouvelle étude orographique du lieu où il était située afin de voir s'il devait être changé de place.

Une proposition de cette nature, qui impliquait

1. El hito de San Francisco.
2. Les ingénieurs argentins ne se sont pas crus autorisés pour signer ce document
3. *Diario Oficial* du 24 octobre 1892, p. 111

le recommencement d'un travail que le Chili considérait comme terminé et dont la réalisation ne
pouvait que léser les intérêts de ce pays, jeta
l'émoi dans la nation chilienne. Cependant le Cabinet de Santiago l'accueillit favorablement et l'ac-
cepta comme base d'une longue négociation diplomatique qui aboutit à la conclusion d'une convention,
à laquelle on donne le nom de *protocole*, signée le
1er mai 1893 et disposant qu'on examinerait si la
borne de San Francisco occupait la position que
lui assigne le traité de limites[1] afin de la déplacer
dans le cas où cela ne serait pas[2]; et que les commissions techniques se mettraient en marche le
15 octobre suivant[3] pour reprendre les travaux,
départ qui fut ajourné jusqu'au 10 janvier 1894 à
cause de la lenteur que les Chambres mirent pour
approuver[4] le pacte qui l'ordonnait.

Si le protocole du 1er mai 1893 ne portait que les
clauses dont nous venons de parler, on pourrait le
considérer comme un accord tout à fait propre à
conserver la paix; mais, à côté de ces stipulations
éminemment conciliatrices, il en contient d'autres,
également destinées à éviter la guerre, auxquelles
il faut cependant attribuer, en grande partie, une

1. *Memoria de Relaciones Esteriores*, 1894, p. XVI et suivantes
2. Paragraphe 8
3. Paragraphe 5
4. Paragraphe 11

des plus grosses difficultés qui aient jamais existé
entre les gouvernements chilien et argentin, parce
que leur rédaction n'est pas claire. Il est très difficile, en effet, de saisir le sens des dispositions ci-après
qui s'y trouvent. « Étant établi par l'article 1er du
« traité du 23 juillet 1881 », dit son paragraphe pre-
« mier, « que[1] la limite entre le Chili et la Répu-
« blique Argentine est, du nord au sud jusqu'au
« degré 52 de latitude, la Cordillère des Andes et
« que la ligne frontière courra par les sommets les
« plus élevés de ladite Cordillère qui divisent les
« eaux et qu'elle passera entre les versants qui
« dévalent de l'un et de l'autre côté, les experts
« et les sous-commissions[2] seront tenus d'adopter
« ce principe comme règle invariable de leurs
« opérations. En conséquence, on regardera comme
« propriété perpétuelle et domaine absolu de la
« République Argentine, toutes les terres et toutes
« les eaux, à savoir : lacs, lagunes, rivières et
« parties de rivières, ruisseaux, sources et pentes
« qui se trouvent à l'orient de la ligne des crêtes
« les plus hautes de la Cordillère des Andes qui
« partagent les eaux, et comme propriété perpé-
« tuelle et domaine absolu du Chili, toutes les

1. Ici le texte cité.
2. Les sous-commissions étaient des équipes chiliennes et
argentines qui opéraient sur les lieux sous la direction d'un
ingénieur en chef.

« terres et toutes les eaux, à savoir : lacs, la-
« gunes, rivières et parties de rivières, ruis-
« seaux, sources courantes qui se trouvent à
« l'occident des cimes les plus élevées de la Cor-
« dillère des Andes qui séparent les eaux ». Les
gouvernements chilien et argentin sont d'opinion,
ajoute son paragraphe deux, que « suivant l'esprit
du traité de « limites, la République Argentine »
est propriétaire de tout le territoire compris entre
« la chaîne principale » des Andes « et l'Atlantique,
et « le Chili », de tout celui qui se trouve entre la
partie mentionnée de ces montagnes et le Pacifique ;
que, d'après « ledit traité, la souveraineté de chaque
« État sur son littoral respectif est absolue, si
« bien que le Chili ne peut revendiquer aucun point
« vers l'Atlantique, ni la République Argentine vers
« le Pacifique » ; et que, si, dans le sud, aux approches du parallèle 52, on constate « que la Cordillère
« est interne entre les canaux du Pacifique qui
« existent en cet endroit, les experts disposeront
« l'étude du terrain de manière à fixer une ligne
« divisoire, laissant au Chili les côtes de ces canaux,
« que les deux gouvernements détermineront à
« l'amiable ». Et, enfin, son paragraphe trois enjoi-
gnait aux experts de s'efforcer de résoudre amicalement les difficultés qui, « dans le cas prévu par la
« seconde partie de l'article premier du traité de
1881 », pouvaient surgir par suite de l'existence de

certaines vallées formées par la bifurcation de la
Cordillère, « où la ligne divisoire des eaux ne fût
« pas claire, en faisant chercher dans le terrain
« cette condition géographique de la démarcation ».

Comme on le voit, de ces indications, il n'est pas
aisé de déduire ce que le protocole du 1er mai 1893
voulut établir au sujet de la base générale de la
délimitation. Aussi, au lieu d'être un instrument
propre à prévenir ou à résoudre les conflits, ce texte
fût-il un élément de discorde[1]. Car les termes obscurs
en lesquels il est conçu fournirent des arguments
à l'appui de deux opinions contraires, dont l'une
soutenait que la ligne de démarcation devait courir
par les sommets les plus élevés des Andes qui divisent les eaux et serpenter entre les sources et
les ruisseaux qui dévalent de l'un et de l'autre
côté et l'autre prétendait qu'elle devait passer
par l'arête de la chaîne principale desdites montagnes, et permirent, en conséquence, que chaque
expert pût suivre et défendre un de ces principes de délimitation et se trouver en désaccord avec
son collègue toutes les fois qu'on eût à fixer la frontière dans des endroits où la ligne de partage des
eaux ne coïncide pas avec l'arête de la chaîne maîtresse des Andes.

1. Hans Steffen, *La question de limites chileno-argentines. La
Loi des 23 et 25 février 1898*.

Malgré ce danger, les commissions mixtes[1], devenues plus nombreuses[2] se remirent en route dans le dessein de continuer la démarcation territoriale. L'une d'elles se dirigea au sud et put, sans trop d'inconvénients, planter les bornes dans la Grande île de la Terre du Feu[3]. Les autres allèrent au nord où elles se heurtèrent, encore, à de sérieux obstacles et abandonnèrent les Andes, à la fin de la bonne saison, sans avoir fait grand'chose. L'une de ces dernières examina attentivement si la borne de San Francisco occupait la place qui lui correspondait, mais il lui fut impossible d'arriver à une conclusion définitive à cause de la divergence des vues des ingénieurs chiliens et argentins qui en faisaient partie, car ceux-là affirmaient qu'elle était bien placée et ceux-ci soutenaient le contraire. Et cette contradiction, qui se convertit bientôt en un grave conflit entre les experts, parce que celui de la Plata, alors M. Norberto Quirno Costa, s'était rallié à l'opinion de ses auxiliaires et réclamait toujours le déplacement de la borne mentionnée et M. Diego Barros Arana s'opposait à la demande de son col-

---

1. Elles étaient formées par une sous-commission chilienne et une autre argentine, qui partaient de Santiago et de Buenos-Ayres à la même époque pour aller opérer de concert sur les lieux.
2. Paragraphe 9 du traité du 1er mai 1893.
3. *Diario Oficial* du 12 octobre 1893, p. 2022.

ligne en soutenant que ce jalon se trouvait à l'endroit indiqué par les traités, aurait vraisemblablement occasionné l'arrêt de la délimitation des frontières si la diplomatie n'était intervenue.

Pour que l'incident relatif à la borne de San Francisco, ni aucun autre semblable, ne pût amener l'interruption de la démarcation territoriale, les gouvernements chilien et argentin signèrent, le 6 septembre 1895, un nouveau traité par lequel ils établirent¹ que les commissions techniques n'avaient pas à suspendre leurs travaux à cause des désaccords qui surviendraient entre les ingénieurs de l'un et de l'autre pays à propos de la désignation de l'emplacement de certaines bornes, mais à les continuer au delà des points litigieux, après avoir envoyé aux experts le plan et la description du terrain qui aurait motivé la controverse, afin que ces deux fonctionnaires essayassent de la résoudre amicalement.

Les commissions mixtes poursuivirent leurs opérations dans la forme indiquée, c'est-à-dire en sautant les parties des Andes où ce n'est pas l'arête de la chaîne principale de ces montagnes qui forme la ligne de la séparation des eaux. Mais les experts arrivaient rarement à vider les conflits qui étaient soumis à leur décision, circonstance de laquelle on ne tarda pas à déduire que l'action de l'arbitre devenait indispensable.

¹ Paragraphe 5.

CHAPITRE II

L'ARBITRAGE

1. Choix de l'arbitre

Les probabilités qu'il y avait pour que la Commission internationale tranchât les difficultés que la démarcation territoriale suscitait, disparurent presque entièrement en 1895, parce que le conflit qu'on craignait voir se produire entre ses deux membres, éclata au cours de cette année. Quelques journaux argentins, ayant su que, par une note du 18 janvier 1892[1], l'expert chilien avait dit à son collègue qu'au nord du parallèle 52, la frontière devait indubitablement suivre le partage des eaux, répondirent qu'en 1876, M. Diego Barros Arana, alors Représentant du Chili à Buenos-Ayres et négociateur, avec le ministre des Affaires Étrangères de la Plata, d'un

[1] Diego Barros Arana, *La Cuestion de limites entre Chile i la Republica Arjentina*, 1895, p. 49 et soixante.

pacte [1], non ratifié, dont les bases principales furent reprises par le traité de 1881, avait déclaré [2] que la ligne de séparation entre les deux États devait passer par les crêtes les plus hautes des Andes et non par les sommets les plus élevés de ces montagnes qui divisent les eaux [3] ; que, lors de la confection de cette dernière convention, le Cabinet de Santiago avait demandé que, dans la délimitation des Andes, on suivit le *divortium aquarum* ; et que la République Argentine avait repoussé cette proposition en en faisant accepter une autre très différente [4] Pour réfuter ces allégations, M. Diego Barros Arana publia une brochure qui établit nettement qu'il soutenait que la ligne de démarcation devait suivre les crêtes les plus hautes desdites montagnes qui divisent les eaux. Et dans la presse argentine parurent de nouveaux articles révélant clairement que M. Norberto Quirno Costa prétendait que la frontière devait passer par l'arête de la chaîne maîtresse des Andes.

Par ces faits, les gouvernements chilien et argen-

1. Louis V. Varela, *La République Argentine et le Chili*, t. I p. 65, note 24.
2. Gonzalo Bulnes, *Chile i la Arjentina*, p. 180.
3. Louis V. Varela, *La République Argentine et le Chili*, t. I, p. 88 et 257.
4. Diego Barros Arana, *La Cuestion de limites entre Chile i la Republica Arjentina*, 1895, p. 11.

tin furent à peu près fixés sur le sort qui était réservé à la question des limites. Aussi, quoique les commissions de délimitation continuassent leur labeur, ils se convainquirent qu'il ne restait plus que deux moyens propres à la vider : l'arbitrage ou la guerre[1]. Et, comme ils désiraient conserver la paix et étaient tenus de faire résoudre tous leurs conflits par une nation amie, ils s'empressèrent de désigner la Puissance à laquelle ils allaient demander de la trancher. Mission que, par un traité signé à Santiago le 17 avril 1896, ils s'obligèrent de confier à l'Angleterre.

Aux termes de ce pacte, le Chili et la République Argentine nommèrent le gouvernement de Sa Majesté Britannique arbitre pour qu'après avoir fait faire une étude du terrain litigieux par une commission de son choix, il applique strictement les dispositions des traités de 1881 et de 1893 aux désaccords susceptibles de se produire entre les experts à l'occasion du tracé de la frontière dans les Andes au sud du 26° 52′ 45″ de latitude que les Cabinets de Santiago et de Buenos-Ayres ne pourraient pas régler à l'amiable[2] ; stipulèrent de porter ces différends à la connaissance de l'arbitre soixante jours après

---

[1] Il fut un temps où l'opinion publique considérait la guerre comme inévitable.

[2] Paragraphes 2 et 3

que leurs efforts pour les résoudre auraient échoué [1] ;
et déclarèrent que la borne de San Francisco ne
devait pas servir de base à la délimitation définitive
de la région qu'on ferait plus tard [2].

Le Cabinet de Saint James, ayant été sollicité par
les Représentants du Chili et de la Plata à Londres
d'accepter la fonction d'arbitre que leurs gouvernements avaient décidé de lui conférer [3], répondit
qu'il la remplirait [4], et, en conséquence, le tribunal arbitral fut constitué.

Mais, pour le cas où quelque obstacle aurait
empêché cette institution de les concilier, en même
temps qu'ils la créaient et déterminaient sa compétence, les gouvernements chilien et argentin se pré-
paraient hâtivement pour faire la guerre : chacun
d'eux augmentait considérablement sa marine militaire, acquérait des armes et des munitions en
grande quantité et recrutait et disciplinait de nombreuses troupes.

2. Envoi du dossier au gouvernement anglais

D'après ce que nous avons vu ci-dessus, pour fixer
la ligne divisoire entre le Chili et la République

1. Paragraphe 4.
2. Paragraphe 5.
3. Paragraph 8.
4. *Memoria de Relaciones Esteriores*, 1898, p. 5

Argentine, il y avait [1], vers la fin de 1896 : des
commissions mixtes, occupées à marquer la frontière avec ordre de ne pas interrompre leurs opérations à cause des difficultés que susciterait dans
leur sein la désignation de l'emplacement de quelques bornes, mais d'informer les experts de leur
désaccord, de sauter l'étendue de terrain litigieux
et de reprendre leurs travaux au premier endroit
qui ne soulèverait aucune controverse ; deux experts,
tenus de donner des instructions à ces commissions,
d'approuver leurs opérations, de vider leurs querelles et de se dégager des conflits qu'ils ne pourraient pas résoudre pour en saisir le ministre des
Affaires Étrangères de l'un et de l'autre pays : les
gouvernements chilien et argentin, s'armant à toute
hâte et obligés d'essayer de trancher directement les
difficultés auxquelles les experts se heurteraient et
de les porter devant l'arbitre soixante jours après que
cette tentative d'entente échouerait ; et un tribunal
arbitral chargé de juger les différends qui seraient
soumis à sa décision en se basant sur les traités
de 1881 et de 1893.

Or, afin de mettre complètement en lumière la
question des limites, de terminer son historique et
d'indiquer le résultat auquel elle a conduit au point
de vue du désarmement militaire, nous allons dire

1 *Diario Oficial* du 4 juin 1898.

quelques mots sur ce que ces commissions, ces experts, ces gouvernements et ce tribunal ont fait depuis l'époque mentionnée.

Les commissions mixtes ont continué leurs travaux de démarcation territoriale : elles sont arrivées à fixer définitivement la frontière dans la partie transversale du continent comprise entre l'intersection des degrés 52 de latitude et 72 de longitude et le cap Dungeness, et dans à peu près toute la zone des Andes située au nord du parallèle 41 ; et, s'étant élevé, au cours de leurs opérations, des difficultés dans leur sein au sujet de la délimitation de presque toute la section qui se trouve entre lesdites latitudes, parce que là l'arête de la chaîne maîtresse de la Cordillère des Andes et la ligne de la division des eaux vont rarement ensemble, elles portèrent leur différend à la connaissance des experts.

Saisis du conflit, les experts s'en occupèrent, mais ils ne purent pas le résoudre, parce que M. Diego Barros Arana soutenait que la frontière devait courir par les crêtes les plus hautes des Andes qui divisent les eaux et passer entre les ruisseaux et les rivières qui dévalent de part et d'autre et M. Francisco P. Moreno, explorateur et publiciste argentin [1] que son gouvernement avait élevé à la

[1] Il a, notamment, publié un livre relatif à la question des

fonction de membre de la Commission internationale en remplacement de M. Norberto Quirno Costa,
prétendait qu'elle devait suivre l'arête, ou la ligne
anticlinale[1], de la chaîne principale de ces montagnes. Et, comme le premier desdits principes place,
dans presque toute la région en question, la ligne
divisoire beaucoup plus à l'est que le second et que
ni l'un ni l'autre de ces fonctionnaires ne voulait
sacrifier les intérêts territoriaux de son pays, chacun d'eux soutint fermement sa thèse et la défendit
publiquement au moyen du livre, de la brochure
ou de l'article de journal, dans une sorte de débat
juridico-géographique, très intéressant, qui s'engagea entre le Chili et La Plata.

Mais, malheureusement, la presse belliqueuse
prit part à cette controverse, pour l'aigrir, plutôt
que pour en faciliter le dénouement. Car, énervée à
cause des interminables difficultés qui s'opposaient
à la conclusion d'un arrangement pacifique et
voyant l'activité avec laquelle les deux gouvernements s'armaient, elle supposa que ceux-ci ne sou-

limites, intitulé « Reconocimiento de la region andina » qui
fit beaucoup de bruit au Chili et dans la République Argentine
en 1897 et en 1898.

1. Henri-Alexis Moulin, *Le litige chilo-argentin*, p. 79 : la
« *ligne anticlinale* d'un système montagneux, est l'ensemble des
« points les plus élevés de ce système, le lieu d'intersec-
« tion des deux versants opposés ».

mettraient pas la question des limites à la décision de l'arbitre et répandit la croyance que la rupture de la paix était imminente. Elle se constitua, pour ainsi dire, dans chacun des pays en dispute, en gardienne de l'honneur national et entreprit une campagne des plus passionnées dans le but évident d'amener la guerre, en alléguant que seulement par les armes on pouvait vider à fond le conflit et donner satisfaction au patriotisme qui, disait-elle, avait été très souvent offensé par le peuple transandin.

Les manifestations patriotiques qu'elle provoqua, dans lesquelles il s'agissait moins du territoire litigieux que d'engager une lutte destinée à décider de la prépondérance militaire dans l'Amérique du Sud, auraient vraisemblablement obligé les deux États à en venir aux mains, si elles s'étaient prolongées longtemps ou produites dans des pays où l s autorités supérieures n'eussent tenu que médiocrement aux bienfaits de la paix.

Afin de faire disparaître le plus vite possible la cause qui pouvait conduire à une rupture, les gouvernements du Chili et de la Plata organisèrent une série de conférences, qui se tinrent à Santiago, entre le Représentant de la République Argentine le ministre chilien des Affaires Étrangères et les deux experts, à partir du 11 mai 1898, dans lesquelles il fut convenu que MM. Diego Barros Arana et Francisco P Moreno se réuniraient au mois d'août suivant pour terminer complètement la discussion du tracé de la frontière sur un plan contenant une ligne générale de démarcation territoriale que l'un et l'autre de ces fonctionnaires présenterait.

Après la conclusion de cet accord, l'expert argentin se rendit à Buenos-Ayres dans le dessein de préparer l'esquisse géographique qu'il s'était engagé à faire, et repartit pour le Chili, lorsque son travail fut achevé, afin de le mettre sous les yeux de son collègue.

Dans une conférence préparatoire qu'ils eurent le 25 du dernier des mois que nous venons de mentionner, Moreno et Barros Arana s'occupèrent presque exclusivement du programme qu'ils suivraient dans leurs entrevues futures, qui commencèrent quatre jours plus tard et se prolongèrent jusqu'au 3 septembre suivant, bien qu'elles n'aient été qu'au nombre de trois.

Dès la première de ces réunions, chacun des experts exhiba le plan dans lequel il avait tracé la ligne divisoire qu'il proposait d'établir entre le Chili et la République Argentine et désigna par écrit les points par lesquels elle devait passer[2].

Mais, comme les frontières ainsi indiquées par

1. *Diario Oficial* du 21 mai 1898.
2. *Diario Oficial* du 15 septembre 1898. *Actas de los peritos.*

l'un et par l'autre de ces fonctionnaires ne coïncidaient que de la colline de Tres Cruces au nord du lac Lacar[1], du sud de ce lac au mont Tronador[2] et, enfin, du pic Chalten[3] à celui appelé Stokes[4], on se trouva dans la nécessité de déterminer la ligne de séparation dans les autres parties de la Cordillère des Andes qu'on avait à délimiter, c'est-à-dire : dans le Paso de San Francisco[5], dans le lac Lacar, entre les monts Tronador et Chalten, et du pic Stokes aux environs du cinquante-deuxième degré de latitude australe.

Le nouveau problème, qui, à proprement parler, est la question des limites réduite à ses dernières dimensions, avait une importance trop considérable pour que les experts n'essayassent pas de la résoudre, inutilement, il est vrai, puisque leurs efforts n'aboutirent à aucun résultat, si ce n'est à bien caractériser le conflit et à en activer la solution.

En effet, lorsque, dans la réunion du 3 septembre, ils perdirent l'espoir d'arriver à un arrangement, les fonctionnaires mentionnés se dessaisirent du

1. C'est-à-dire, approximativement, entre les latitudes 27° 15'00" et 29° 30'00".
2. Le Tronador se trouve près du parallèle 41° 15'00".
3. Le Chalten est situé environ à 49° 10'00".
4. Le mont Stokes se trouve à peu près à 50° 10'00".
5. Les deux lignes de démarcation étaient également en désaccord dans la Puna de Atacama, située au nord du Paso de San Francisco.

différend,[1] sans cependant abdiquer leurs fonctions[2] qui, désormais, n'allaient leur servir que pour présider à la pose des bornes dans les points non litigieux. Avant de se dégager matériellement du conflit, ils tentèrent de dresser un acte général de leurs travaux; mais, n'ayant pu s'entendre sur la manière de le rédiger, ils envoyèrent, sur les simples procès-verbaux des conférences qu'ils eurent, chacun un des deux dossiers du litige qu'on avait formés, au ministre des Affaires Étrangères de leur pays respectif[3].

Dès que les gouvernements chilien et argentin furent saisis du différend, ils déclarèrent, au moyen de Plénipotentiaires *ad hoc*, qui se réunirent à Santiago, ne pouvoir le trancher par eux-mêmes[4], parce que l'un et l'autre acceptait et maintenait, dans toutes ses parties, la ligne de démarcation territoriale proposée par son expert, et, le 23 septembre 1898, ils stipulèrent de le soumettre à la décision de l'arbitre tel que les deux membres de la Commission internationale l'avaient défini. En

1. Diego Barros Arana. *La Cuestion de limites entre Chile i la Republica Argentina*, 1898, p. 68 et 103

2. M. Diego Barros Arana, qui démissionna le 12 novembre 1898, fut remplacé par le général Aristide Martinez le 14 du même mois

3. *Diario Oficial* du 19 septembre 1898, Notes de Barros Arana au ministre des Affaires Étrangères.

4. *Diario Oficial* du 23 septembre 1898, p. 2270.

conséquence, ils le portèrent, dans le délai convenu, devant le gouvernement de Sa Majesté Britannique pour qu'après avoir fait faire une étude des lieux litigieux, il le résolve en appliquant strictement les traités de 1881 et de 1893, c'est-à-dire pour qu'il décide si, dans les endroits, situés au sud du parallèle 26 52' 45", où les lignes divisoires tracées par MM. Diego Barros Arana et Francisco P. Moreno ne coïncident pas[1], ces textes veulent que la frontière coure par les sommets les plus élevés des Andes qui divisent les eaux et passe entre les ruisseaux et les rivières qui dévalent de part et d'autre, ou suive l'arrête de la chaîne maîtresse desdites montagnes.

Par cet accord, le Chili et la République Argentine transformèrent la question des limites en un litige presque exclusivement juridique et évitèrent le danger dans lequel ils étaient d'en venir aux mains. Aussi, lorsqu'ils l'eurent exécuté, ils désarmèrent afin de réduire les dépenses militaires, devenues un peu lourdes. Mais, vers la fin de 1901, ils s'armèrent de nouveau, précipitamment, et commandèrent plusieurs bâtiments de guerre, à cause d'un grave conflit qui s'éleva entre eux, parce que l'un et l'autre avaient violé le *statu quo* qu'ils étaient tenus.

1 Diego Barros Arana, *Exposición de los Derechos de Chile en el litijio de límites*, *El Ferrocarril* du 11 mars 1898.

'd'observer à l'égard des territoires contestés : le Chili, en construisant, au sud du degré 41 30' de latitude, quatre routes[1], réputées stratégiques, qui y pénètrent, et la République Argentine, en occupant militairement Ultima Esperanza, région située un peu au nord du parallèle 52.

Cet incident, que l'attitude des délégués argentins et chiliens au Congrès pan-américain de Mexico[2] envenimait considérablement, parce que les premiers y défendaient un projet de convention d'arbitrage général et obligatoire et les seconds le combattaient en proposant d'y introduire certaines réserves afin que leur pays pût résoudre directement avec la Bolivie et le Pérou les questions relatives à la souveraineté des provinces d'Antofagasta, de Tacna et d'Arica[4], fit vraisemblablement sentir aux gouvernements chilien et argentin le besoin de restreindre le droit de s'armer, ou d'appliquer entre eux l'idée qui présida à l'organisation de la Conférence internationale de La Haye, et craindre de se heurter à de nouvelles difficultés dans la délimitation de leur ter-

1. Hans Steffen. *La cuestion de limites chileno-argentinos. La Ley* du 5 mars 1898
2. *El Mercurio*, édition de Santiago, du 25 octobre 1901 : Los caminos chilenos.
3. Il fut inauguré le 22 octobre 1901.
4. *El Mercurio*, édition de Santiago, des 24, 25 et 27 octobre 1901.

— 173 —

ritoire. Car, après l'avoir réglé au moyen d'un *modus
vivendi* souscrit le 25 décembre et donnant satisfaction à chacun d'eux, ils abordèrent la confection
d'un traité, qui fut signé à Santiago le 23 mai 1902,
par lequel ils renoncèrent à prendre possession des
bâtiments de guerre qu'ils avaient en construction,
et à acheter, pour le moment, d'autres navires de
ce genre[1] que ceux qui étaient exclusivement destinés à la défense des ports et des côtes, comme,
par exemple, les sous-marins[2]; s'obligèrent à diminuer, dans le délai d'un an compté du jour de
l'échange des ratifications de ce pacte[3], leurs flottes
suivant un accord, établissant un équilibre raison-
nable entre elles, qu'ils doivent conclure à cet effet[4];
et arrêtèrent qu'aucun d'eux ne pourrait, pendant
cinq ans, augmenter son armement maritime sans
aviser l'autre dix-huit mois d'avance de son intention
de le faire[5]. Et, le 28 dudit mois, ils stipulèrent de
demander à l'arbitre de charger une commission de
son choix d'aller marquer sur le terrain même les
tronçons de frontière dont il a mission de déterminer l'assiette.

Saisi de la question des limites en décembre 1898,

1. Article 1er, alinéa 1er.
2. Article 2, alinéa 2.
3. Cette formalité fut remplie le 22 septembre 1902.
4. Article 1er, alinéa 2
5. Article 2, alinéa 1er.

le gouvernement anglais en a à peu près terminé
l'instruction par l'intermédiaire d'un Conseil spécial,
composé de trois hommes de grand mérite, qui commença ses opérations le 27 mars 1899 et dont un
des membres, accompagné de quelques auxiliaires,
fit l'étude des lieux litigieux en mars, avril, mai et
juin 1902, et, par suite, il ne saurait tarder à la
résoudre.

Ainsi, l'arbitre va donc, vraisemblablement, trancher bientôt la question des limites. Pour que sa
sentence soit plus facile à comprendre, nous allons
résumer la thèse de chacun des États en désaccord
et indiquer ce qu'un auteur français croit que les
traités de 1881 et de 1893 établissent.

Le Chili, qui traduit le terme *vertientes* par *chutes
d'eau ou sources*, ce qui, contrairement à ce qu'on
prétend, n'a rien de forcé, puisque dans la seconde
partie du paragraphe premier du protocole de 1893,
ce même mot a été employé dans la deuxième de
ces acceptions[1], dit : que l'article premier du traité
de 1881 établit que, dans les Andes, la ligne de délimitation territoriale doit courir par les sommets les
plus élevés de ces montagnes qui divisent les eaux
et passer entre les sources qui déversent de l'un
et de l'autre côté ; que le paragraphe trois du proto-

1. Louis V. Varela, *La République Argentine et le Chili*, t. I,
note 135, p. 325

cole mentionné déclare que la ligne divisoire des
eaux est la condition géographique de la démarcation ; et que, dans les endroits où il y a plusieurs
lignes de partage des eaux, la frontière doit suivre
la principale d'entre elles [1], et, comme celle-ci serpente entre les ruisseaux et les rivières qui dévalent
de part et d'autre et se rattache au *divortium* hydro
graphique de tout le système montagneux du continent sud-américain, il résulte que la ligne frontière
proposée par cet État, coïncide, dans toute sa longueur, avec le *divortium aquarum* continental ou des
deux Océans. La République Argentine, qui prend le
mot *vertientes* de l'article premier du traité de 1881
dans le sens de *versants*, répond : qu'aux termes de
ce texte, la ligne séparative des territoires des deux
pays doit passer entre les versants de la chaîne maîtresse des Andes ; que la déclaration du deuxième
alinéa du paragraphe premier du protocole de 1893
ne permet pas de douter de cela ; que, d'après cet
alinéa, la frontière doit couper des rivières pour que
des morceaux de ces cours d'eau appartiennent à
l'une ou à l'autre nation ; qu'elle ne peut pas le faire
en suivant le *divortium aquarum* continental ; que la
disposition du paragraphe trois du protocole en question n'est applicable qu'aux vallées formées par la

[1] Alexandre Alvarez, *Revue Générale de Droit International
Public*, 1895, p. 452.

bifurcation de la Cordillère ; et que la ligne chilienne de démarcation sort quelquefois des Andes pour passer par les *Pampas* de la Patagonie. Et le Chili réplique : que les morceaux de rivière dont le deuxième alinéa du paragraphe premier dudit protocole parle, sont des cours d'eau plus ou moins longs qui se perdent dans les mares ou disparaissent sous terre ; et que sa ligne de délimitation se tient toujours en dedans de la Cordillère.

M. Henri-Alexis Moulin, professeur à la Faculté de droit de Dijon, est d'opinion qu'en souscrivant les traités de 1881 et de 1893, le Chili et la République argentine « *ont entendu faire coïncider leur* « *frontière politique avec la frontière naturelle qui les* « *sépare* »[1].

Or, si l'arbitre interprète ces textes de cette façon-ci, il décidera indirectement, par sa sentence, où se trouve, dans un système montagneux, la frontière naturelle des États limitrophes, tandis que, s'il se rallie à l'une ou à l'autre des thèses chilienne et argentine, il résoudra seulement le différend qui est soumis à sa décision.

Mais, quels que soient les motifs de la sentence arbitrale, la question des limites entre le Chili et la République Argentine sera consultée avec profit,

---

[1]. Henri-Alexis Moulin. *Le litige chilo-argentin.* p. 151 et 155.

parce qu'il s'en dégage que, dans les montagnes, il y a trois assiettes différentes de frontière politique : les sommets les plus hauts, les crêtes les plus élevées qui divisent les eaux et la ligne anticlinale, et, partant, que, dans les traités de délimitation territoriale relatifs aux zones montagneuses, il faut avoir soin de ne pas confondre ces diverses bases de démarcation.

TROISIÈME SECTION

Condition juridique du détroit de Magellan

CHAPITRE PREMIER

DE LA SOUVERAINETÉ DES DÉTROITS ET DES CANAUX MARITIMES

1. Étendue de la mer territoriale

Suivant que les mers donnent accès à un seul ou à plusieurs États, le droit international les divise en fermées et en libres pour indiquer que les unes et les autres sont réglées par des règles différentes.

Les mers fermées appartiennent exclusivement à la nation dans le territoire de laquelle elles se trouvent enclavées, tandis qu'au contraire, les Puissances riveraines des mers libres ne sont souveraines que d'une partie étroite des eaux qui baignent leur côte.

L'étendue de la zone réservée, à laquelle on donne le nom de mer territoriale, littorale ou côtière, a varié beaucoup au cours de l'histoire [1], parce qu'en général, elle a été déterminée d'après la puissance des engins de guerre dont la marine a successivement disposé pour attaquer le littoral. En effet, la ligne de respect fut d'abord fixée à la distance du jet d'une pierre lancée de terre [2], pour être placée ensuite au point où une flèche tombait dans l'eau et éloignée, plus tard, jusqu'à la portée de la voix humaine. Au XVI⁰ siècle, les riverains réclamaient la propriété d'une partie de mer suffisante pour se garer des agissements des pirates. Puis on considéra comme mer territoriale toute l'étendue d'eau dont le fond pouvait être atteint par la sonde. Les choses en étaient là lorsque Philippe II d'Espagne déclara, par une ordonnance, que son autorité s'étendait sur les mers jusqu'à l'horizon visuel.

Au XVIII⁰ siècle, les écrits d'un célèbre jurisconsulte hollandais [3] amenèrent le retour aux moyens agressifs pour déterminer l'étendue de la mer littorale et, depuis, le droit international a toujours admis que c'était la portée la plus grande du canon qui en marquait les limites.

1. Charles de Boeck, *La propriété ennemie sous pavillon ennemi*, n° 215, p. 247.

2. Bluntschli, *Le Droit International codifié*, art. 302, t. I, p. 189.

3. Bynkershoek.

Mais la pratique, guidée par le besoin de corriger la mobilité de la règle qui régit cette importante matière, semble avoir établi un autre principe ; car, comme à la dernière des époques indiquées l'artillerie n'atteignait qu'à environ trois milles marins, cette distance a servi de mesure pendant longtemps à la largeur de la mer côtière : les États l'ont souvent invoquée et c'est pour ainsi dire, la seule qui figure dans les traités et autres documents officiels.

Si une zone de trois milles marins suffisait autrefois pour assurer la tranquillité des habitants de la côte, il n'en est plus de même aujourd'hui, parce que l'artillerie porte à plus de vingt kilomètres[1] ; mais, à cause des difficultés internationales que peut susciter une étendue de mer littorale égale à la portée réelle du canon, une partie de la doctrine cherche à la réduire à des proportions plus modestes au moyen d'un accord entre les Puissances maritimes.

L'Institut de Droit International, dans sa session de Paris 1894, émit le vœu que la mer territoriale de droit commun soit de six milles marins, et qu'en temps de guerre, chaque État non belligérant puisse se réserver, par déclaration de neutralité ou par notification spéciale, une zone d'eaux littorales plus large, pouvant aller jusqu'à la portée du canon.

1. Paul Godey. *La Mer côtière*, p. 17 : « une pièce de côte « peut envoyer un projectile jusqu'à onze milles au large ».

Le projet de cette savante corporation n'a pas encore été discuté par la diplomatie, à cause, sans doute, des conséquences que son application produirait en temps de guerre. En laissant à chaque gouvernement neutre la faculté d'ajouter à la mer territoriale de droit commun le morceau qu'il jugerait nécessaire à la sauvegarde de ses intérêts, on détruirait le principe de l'uniformité de largeur de la mer côtière et, par suite, on exposerait les escadres des États belligérants à se heurter à l'inconvénient d'avoir à modifier leur plan d'attaque ou de défense toutes les fois qu'elles longeraient les rives de pays différents. Et, dans le cas où cette proposition serait mise en vigueur, il est presque certain que seulement les grandes nations pourraient en profiter, car lorsqu'elles resteront neutres, elles seront suffisamment armées pour faire respecter une vaste étendue de la mer qui baigne leurs côtes ; mais quand elles feront la guerre, comme leur force sera un obstacle pour que les Puissances faibles puissent maintenir l'ordre dans une grande partie des eaux adjacentes, il résultera que celles-ci se contenteront de la zone de mer territoriale de droit commun, quoique leur littoral ait à souffrir à cause des combats qui se livreraient près de la ligne de respect.

Les difficultés que nous venons d'indiquer disparaîtraient presque entièrement par la réalisation d'un projet que la Hollande présenta, à la fin de 1895,

comme base de négociations à entamer. Cette nation
proposa de créer deux zones de mer territoriale de
droit commun : l'une, de six milles, pour le temps
de paix ; et l'autre, de douze milles, pour le temps
de guerre, invariable et obligatoire pour tous les
pays. Mais il est probable que ce nouveau système
ne sera pas adopté parce qu'on craint qu'une zone
de mer neutre dépassant vingt-deux kilomètres de
largeur gêne les mouvements des deux escadres
ennemies, un peu fortes, dans les mers étroites de
l'Europe, comme par exemple dans la Manche.

Cet inconvénient se trouve complètement écarté
dans une proposition, semblable à l'ordonnance de
Philippe II d'Espagne, que M. Paul Godey fit en 1896.
Cet auteur, se basant sur l'impossibilité matérielle
dans laquelle on est, de terre, pour faire respecter
une zone de mer égale au tir du canon, puisqu'au
delà d'une certaine distance un navire ne se présente pas avec la netteté nécessaire pour que l'artil-
leur puisse bien viser et que l'écart probable devient
trop considérable, croit qu'il serait bon de fixer la
limite de la mer côtière à la portée de la vue
moyenne de l'homme, qu'il estime être de six à sept
milles marins [1].

Si les mots *mer territoriale* renfermaient une idée
de domination, s'ils se traduisaient par l'étendue

[1]. Paul Godey. *La Mer côtière*, p. 17 à 21.

d'eau que les États peuvent réellement commander depuis la côte, nous ne saurions réfuter la théorie de M. Godey ; mais, comme cette expression contient un principe de respect, une garantie ou plutôt un droit en faveur des pays riverains et, par suite, un devoir pour les gouvernements belligérants de s'abstenir d'exécuter toute opération de guerre dans les eaux territoriales des nations avec lesquelles ils sont en paix, nous trouvons qu'elle manque de bases et sacrifie la tranquillité des Puissances neutres, parce que les difficultés qu'on éprouve, de la côte, pour viser un navire qui se trouve au delà d'une certaine distance ne se présentent pas pour les bâtiments qui lancent les boulets sur le littoral, car, dans ce cas, presque tous les coups portent et peuvent faire beaucoup de dégâts, même ceux qui partent par mégarde.

Ainsi donc, on reconnaît qu'une zone de mer territoriale égale à la portée du canon est trop grande ; mais on ne voit aucun moyen qui permette de la réduire sans léser les intérêts des États neutres.

Cependant, un examen sommaire des opérations que les belligérants exécutent sur mer semble conduire vers la solution de ce problème. La guerre maritime se décompose en deux grandes catégories d'actes : ceux qu'on ne peut accomplir sans faire usage du boulet ou de l'obus, comme le combat ; et ceux qui ne nécessitent point l'emploi de ces engins, comme la visite et la capture de bateaux marchands. Les premiers sont de nature à porter atteinte à la sécurité du littoral, tandis qu'au contraire, les seconds ne font jamais aucun mal sur terre.

Or, on pourrait établir deux zones de mer territoriale : l'une exclusive aux faits de guerre dans lesquels on se sert du boulet ou de l'obus, allant jusqu'à la portée du canon ; et l'autre, relative aux hostilités non susceptibles de troubler la tranquillité sur la côte et au temps de paix, d'une largeur moins considérable, dont la limite serait fixée par une convention internationale.

Voilà, à notre avis, un système pratique pour restreindre l'étendue de la mer littorale en sauvegardant les intérêts des pays neutres que les gouvernements pourraient adopter.

2. Des détroits

a) *Généralités.* — Les détroits sont des bras de mer resserrés entre deux terres, dont la politique internationale des États ne cesse de s'occuper, parce que leur importance commerciale et stratégique met en présence des intérêts opposés ; car la liberté des mers serait gravement restreinte si l'usage des canaux, creusés par la nature, qui les unissent n'était pas permis aux navires de toutes les nations; mais, par contre, la défense des territoires que ces routes maritimes traversent serait plus facile si elles n'étaient pas ouvertes aux pavillons étrangers. Et, comme les détroits sont serrés entre deux terres, les Puissances riveraines cherchent souvent à les commander afin de les exploiter à leur propre avantage ou au détriment des autres États qui, de leur côté, ont à veiller au respect des règles auxquelles ces cours d'eau sont soumis.

En leur qualité de bras de mer, les détroits sont régis par les mêmes principes que les mers dont ils font partie. Leur condition juridique se détermine donc, moins par leur largeur que par leur situation géographique.

En effet, on distingue deux sortes de détroits[1] : ceux qui aboutissent à des mers fermées et ceux qui servent de communication entre deux mers libres.

Les détroits qui conduisent à une mer fermée sont fermés et relèvent entièrement de l'autorité riveraine; ceux qui joignent deux mers libres sont libres[2].

Dans les détroits libres, la ligne de respect est

[1] Charles Calvo, *Le Droit International théorique et pratique*, t. I, n° 508, p. 500 et 501.
[2] Perels, *Manuel de Droit Maritime International*, p. 97.

située à la même distance de terre que dans les mers, à moins que la souveraineté concurrente de deux nations, dont chacune d'elles serait maîtresse d'une rive, n'oblige à la reculer. De sorte que, suivant l'écartement des terres qui les limitent, ces voies d'eau ont une zone de mer territoriale dans chaque côté et une zone de mer libre dans le milieu, ou sont complètement absorbées par les zones latérales de mer littorale.

Mais cette dernière circonstance ne les empêche pas d'être libres, parce que la liberté et la souveraineté des détroits sont deux institutions qui s'harmonisent parfaitement dans la pratique; car la liberté de ces canaux ne signifie guère que le droit reconnu à tout navire de pouvoir les parcourir sans avoir aucune espèce de tribut à payer ni de salut à faire en hommage au respect dû au gouvernement riverain, et la souveraineté qui appartient aux nations sur leur mer côtière ne va pas jusqu'à en prohiber la navigation aux vaisseaux étrangers.

Les détroits qui font communiquer deux mers libres sont donc libres en vertu des principes généraux du droit international et non par l'effet d'une convention spéciale. En conséquence, leurs eaux territoriales sont assimilées à la mer littorale et, par suite, le souverain côtier peut y réserver le commerce de cabotage et la pêche aux bateaux nationous[1]; y appliquer des règlements de police de sûreté, sanitaire, douanière et de navigation[2]; et y prescrire les mesures relatives aux échouages, au balisage, au pilotage et à la pose des câbles sous-marins; mais il doit y laisser passer les navires étrangers et ne peut se dispenser de leur accorder la protection qui leur est due lorsqu'en temps de guerre, ils y sont attaqués par l'ennemi, ni de leur porter, en tout temps, le secours auquel ils ont droit en cas de danger de mer[3].

Mais le régime juridique des voies maritimes qui nous occupent ne se présente pas avec la netteté désirable à cause, principalement, des difficultés qu'on éprouve pour déterminer d'une manière exacte l'étendue des eaux côtières. Afin de lui donner la précision qui lui manque, l'Institut de Droit International élabora, en 1894, un projet de réglementation qui assimile à la mer territoriale les détroits libres n'ayant pas plus de douze milles d'écart[4]; permet que dans chaque bord il puisse être réservé, en temps de guerre, une zone neutre atteignant douze milles; déclare que ces bras de mer ne peuvent jamais être fermés et décide que, dans ceux

1. Perels, *Livre cité*, p. 45 et 50.
2. Paul Godey, *La Mer côtière*, p. 45 et 57.
3. Paul Godey, *La Mer côtière*, p. 69, 74 et 76.
4. Ce qui signifie que dans les détroits la largeur de la mer littorale serait de six milles.

dont les côtes appartiennent à différents États, chacun d'eux étend sa souveraineté jusqu'à la *ligne médiane*, en ajoutant que la nation qui est propriétaire des deux rives l'est également de tout le canal, pour étroit qu'il soit, et lors même qu'il serait indispensable aux communications maritimes entre d'autres pays.

Cette proposition tend à détruire une doctrine qui prétend que, dans les détroits unissant deux mers libres, la partie qui sert à la navigation de toutes les nations doit rester en dehors de la souveraineté des Puissances riveraines[1], dont l'autorité ne s'étendrait, en conséquence, que jusqu'à la limite où ces voies d'eau cessent de servir au transit maritime international.

La théorie de la zone de mer libre dans l'intérieur des détroits n'a pas fait école, et avec raison, croyons-nous, parce qu'elle subordonne la sécurité des États riverains à la commodité du commerce : car il y a des parages où la partie navigable de ces canaux se trouve tellement près de terre qu'on ne saurait la distraire de la juridiction du gouvernement côtier sans l'empêcher de pourvoir efficacement à la défense de son territoire et de ses intérêts fiscaux, puisque des combats navals pourraient

1. Perels. *Manuel de Droit Maritime International*, p. 98.

avoir lieu presque sur la berge et que les contre-bandiers n'auraient pas à se tenir au large.

b) *Des détroits de la Baltique et de ceux de la mer Noire en particulier.* — *Des détroits de la Baltique.* — Quoiqu'en théorie il soit unanimement accepté, le principe que les détroits qui unissent deux mers libres sont libres n'a pas encore pu, dans la pratique, détruire en entier certains usages ou conventions comportant des régimes plus ou moins restrictifs.

Depuis une date fort reculée, le Danemark percevait des taxes sur les bateaux marchands[1] et leur cargaison en transit dans les détroits qui joignent la mer du Nord, ou le Kattegat, à la Baltique, c'est-à-dire dans le Sund, dans le Grand-Belt et dans le Petit-Belt.

Jamais, en vérité, aucun souverain ne fut mieux situé pour imposer des péages à la navigation que ne l'était le gouvernement danois pour demander aux navires de commerce qui parcouraient ces détroits une rétribution en compensation des dépenses de phares, de balises de bouées et de pilotage qu'il y faisait, puisqu'à juste titre il pouvait s'en considérer presque le seul propriétaire. Le Sund, voie principale de communication entre les deux mers

1. Calvo, *Le Droit International théorique et pratique*, t. I, n° 570, p. 501.

sur le bord de laquelle est bâtie l'importante ville de Copenhague, séparant l'île de Sjælland du sud-ouest de la Suède, appartient au Danemark jusqu'à la limite des eaux territoriales, partie que les marins préfèrent parce qu'elle leur offre plus de garanties que l'autre au point de vue de la sécurité ; le Grand-Belt, coule entièrement entre les possessions de ce royaume et le Petit-Belt, qui serpente le long de la côte orientale du Jutland, n'a cessé d'être complète-ment danois qu'en 1864. Et, cependant, le droit des gens[2] a toujours refusé de sanctionner ces péages et, par suite, de les reconnaître comme juridiquement obligatoires, tant à cause des charges pécuniaires et des retards qu'ils imposaient au commerce mari-time, que pour être contraires aux principes de l'égalité des États et de la liberté des mers, puisque les marines des pays que la couronne danoise dis-pensait du payement des taxes[3] acquéraient, de fait, le monopole de la navigation mercantile dans la Baltique au détriment de celles des nations qui avaient à les verser.

Prélevés dès 1648 sous la forme d'un tarif que

1. Élisée Reclus. *Nouvelle Géographie Universelle*, t. V, p. 12 et 50.

2. Nous parlons du droit des gens que Hautefeuille appelle *primitif*.

3. Abbé de Mably. *Le Droit Public de l'Europe fondé sur les traités*, 1778, t. I, p. 141, 142 et 143.

divers gouvernements approuvèrent, par traité, au cours du XVII⁰ siècle, les droits de passage exigés par le Danemark furent, même par les navires suédois[1], assez régulièrement payés pendant le temps qu'ils ne semblaient représenter que la rémunération de services rendus à la navigation[2], bien que leur établissement ait soulevé les plus vives protestations de la part des Puissances sur les bateaux marchands desquelles ils étaient perçus et occasionné quelques guerres au pays qui les demandait.

Aussi, lorsqu'en conséquence du développement du commerce maritime, le rendement des péages en question dépassa de beaucoup les débours que le gouvernement de Copenhague faisait dans les détroits, plusieurs nations redoublèrent leurs efforts pour les faire disparaître, parce qu'elles considérèrent qu'ils revêtaient le caractère d'un véritable tribut payé en reconnaissance de la souveraineté que le Danemark revendiquait sur des voies d'eau faisant communiquer deux mers libres et ouvertes à tous les pavillons.

Les États-Unis d'Amérique, après avoir vainement épuisé tous les moyens pacifiques pour obtenir la faculté de parcourir librement le Sund et les deux

1. Abbé de Mably, *Livre cité*, t. II, p. 557.
2. Perels, *Manuel de Droit Maritime International*, p. 40.
3. Calvo, *Le Droit International théorique et pratique*, t. I, p. 11.

Belts, déclarèrent, en 1848, que dans l'avenir ils ne respecteraient plus le droit que Sa Majesté Danoise s'arrogeait sur ces canaux.

Cette détermination fut suivie d'une intéressante discussion entre les Cabinets de Washington et de Copenhague au cours de laquelle le Danemark reconnut implicitement le principe de la liberté des détroits, puisqu'aux nombreux arguments que les États-Unis fournirent pour démontrer que rien ne justifiait la perception de péages dans les canaux de la Baltique, il opposa seulement la prescription immémoriale, les traités conclus avec diverses nations et une pratique constante assez ancienne pour pouvoir être tenue comme consacrée par le droit public européen et avoua, ensuite, que les titres invoqués à l'appui des prérogatives qu'il s'attribuait pouvaient difficilement servir de base, d'après les règles générales du droit international moderne, à la création de taxes comme celles qu'il avait établies au passage du Sund et des Belts.

Presque désarmée par cet aveu et contrainte par plusieurs Puissances européennes, la diplomatie danoise finit par céder et par consentir à abolir les péages qui nous occupent moyennant une indemnité.

En effet, après une conférence diplomatique tenue à Copenhague, le Danemark, d'une part, l'Autriche, la Belgique, la France, la Grande-Bretagne, le Hanovre, le Mecklembourg-Schwerin, l'Oldenbourg, les Pays-Bas, la Prusse, la Russie, la Suède et la Norvège et les villes libres et hanséatiques de Lubeck, de Brême et de Hambourg, d'autre part, signèrent, le 14 mars 1857, une convention[1] par laquelle le gouvernement danois s'obligea à ne prélever aucun droit de douane, de tonnage, de feu, de phare, de balisage ou autre charge quelconque, à raison de la coque ou de la cargaison, sur les navires qui passeraient par le Sund ou par les Belts pour se rendre dans la Baltique ou pour en sortir ; à abandonner l'usage du pilotage forcé dans ces canaux et dans le Kattegat ; et à conserver et à maintenir dans le meilleur état d'entretien les bouées, phares et autres signaux maritimes, destinés à faciliter la navigation des voies mentionnées qui existaient dans ses eaux, dans ses ports ou le long de ses côtes. Mais, comme dédommagement et compensation des sacrifices que ce traité lui imposait, les autres souverains s'engagèrent à lui verser la somme de 30,476 325 rigsdalers, répartie par quotes-parts entre eux et payable en quarante fractions semestrielles.

La convention de Copenhague contient, en outre, certaines réserves, relatives au pavillon des nations dont le nom n'y figure pas, qui n'ont plus qu'un

---

[1] A. de Clercq. *Recueil des Traités de la France*, t. VII, p. 259.

intérêt historique parce que les États maritimes de l'Europe et de l'Amérique qui étaient restés à l'écart de cet arrangement y ont successivement accédé[1].

De leur côté, les États-Unis conclurent, le 11 avril de la même année, un traité particulier avec le Danemark, aux termes duquel[2] cette dernière Puissance étendit en faveur de la marine marchande nord-américaine, moyennant le versement de la somme de 717.829 rigsdalers, les franchises qu'elle venait d'accorder à celle des autres nations et s'obligea à lui fournir à un prix déterminé des pilotes pour parcourir les parages en question.

Pour procéder au rachat des péages du Sund et des Belts, on tint compte de la situation de fait et, après avoir capitalisé ces droits afin d'allouer une juste indemnité au gouvernement danois, on lui accorda des *dédommagements* et des *compensations* pour les sacrifices qu'il s'engageait à faire. Les dédommagements devaient certainement être pour les taxes, renfermant l'idée d'un tribut payé en hommage de la souveraineté qu'on abolissait, et les compensations, pour les charges qu'il assumait

Or, comme ces dernières ne consistaient guère que dans l'obligation d'entretenir les bouées, les

1. Calvo, *Le Droit International théorique et pratique*, t. I, n° 571, p. 505.
2. Perels, *Manuel de Droit Maritime International*, p. 41.

feux, les phares, les balises et les armes qui existaient dans les eaux ou sur les côtes des bras de mer mentionnés ou du Kattegat [1], il résulte que la convention du 14 mars 1857 ne s'oppose pas à ce que les États riverains prélèvent, dans les détroits libres, des taxes en rémunération des services rendus à la navigation ; mais elle indique que ces droits ne peuvent pas être établis arbitrairement ou sans le consentement des Puissances sur les navires desquelles ils doivent être perçus et, en conséquence, elle pose indirectement le principe qu'ils ne deviennent obligatoires qu'en vertu d'un traité.

Des détroits de la mer Noire. — Malgré le terrain qu'il gagna en 1857, le régime de liberté n'a pas été encore appliqué dans tous les canaux maritimes creusés par la nature, car l'accès des détroits de Constantinople est, en général, interdit aux bâtiments de guerre étrangers.

Pendant que la Turquie était l'unique riveraine de la mer Noire et de celle de Marmara, elle pouvait fermer arbitrairement les Dardanelles et le Bosphore ; mais, dès que plusieurs États se partagèrent les côtes du Pont-Euxin, les détroits qui y conduisent devaient rester ouverts et libres à la navigation de tous les pavillons.

La Sublime Porte est, cependant, conventionnelle-

1. Article 9, n° 1 de la convention du 14 mars 1857.

ment tenue, tant qu'elle se trouve en paix, d'interdire l'entrée dans ces canaux aux bâtiments de
guerre des Puissances étrangères, sauf quelques
rares exceptions.

Cette restriction, qui, d'après les principes stricts
du droit des gens, ne devrait s'étendre qu'à l'encontre des nations signataires des traités dont elle
émane, revêt un caractère des plus généraux à
cause, principalement, de la réunion de deux circonstances de nature très différente. D'abord, pour
être matériellement assez facile à faire respecter
grâce aux particularités physiques des voies maritimes en question ; car, quoique moins resserrées
que le Bosphore qui dans certains endroits ne
mesure guère plus de cinq cents mètres d'écartement, les Dardanelles, de navigation difficile et
remplies de sinuosités, n'ont qu'une largeur variant
entre deux et quatre kilomètres et demi et elles
peuvent être protégées par un système combiné de
fortifications capable d'empêcher qu'aucun navire y
passe. Et ensuite, parce qu'elle permet au Sultan de
mieux défendre l'intégrité de son territoire et, partant, d'éviter que quelque gouvernement plus vigou-
reux ou moins tolérant que le sien s'empare des
détroits de Constantinople et prenne, en conséquence, possession d'une position stratégique et
d'une route commerciale de premier ordre suscep-

tibles d'être utilisées au détriment des intérêts multiples que l'Europe a en Orient.

Bien que, depuis une époque fort reculée, la Porte considérât le principe de la fermeture des détroits de la mer Noire comme une règle de l'empire ottoman, elle était libre d'en permettre le passage à qui bon lui semblait et, dans la pratique, elle a fait souvent usage de cette faculté, notamment en faveur de la marine militaire de la Russie pendant toute la période comprise entre le commencement de l'occupation de l'Egypte par le général Bonaparte et la bataille d'Austerlitz [1]. Afin de pouvoir en exiger l'application constante, les grandes Puissances européennes l'ont accepté et, de concert avec le gouvernement turc, elles l'ont considérablement modifié dans le but de le rendre propre à satisfaire les besoins de leur politique.

Ce fut d'abord la Grande-Bretagne qui, par un traité de paix et d'alliance conclu avec la Turquie, le 3 janvier 1809, dans lequel il est dit : qu'il a toujours été défendu aux bâtiments de guerre d'entrer dans les canaux de Constantinople et que cette

1. Après qu'en 1798, la division navale de la mer Noire, autorisée par le Sultan, eut franchi le Bosphore pour venir se battre avec l'escadre française de la Méditerranée, un traité signé le 5 janvier 1799, dont la durée était de huit ans, accorda à tous les navires de guerre de la Russie le droit de passer librement par les détroits de Constantinople.

ancienne règle de l'empire ottoman doit être de même observée dorénavant en temps de paix vis-à-vis de tout État quel qu'il soit, promit de se conformer à ce principe et obligea ainsi le Divan à n'y déroger en faveur d'aucune nation et, en conséquence, à maintenir l'escadre russe du Pont-Euxin éloignée des lieux où elle aurait pu nuire aux intérêts de l'Angleterre, sous peine de rupture de l'engagement et de s'exposer à subir des représailles.

Mais la Russie était trop forte pour qu'elle ne cherchât pas à rompre la barrière derrière laquelle on prétendait la renfermer. Aussi lorsqu'en 1832, le vice-roi d'Égypte, Méhémet-Ali, se souleva contre la Porte, elle se porta au secours du Sultan et, avant de se retirer, c'est-à-dire le 8 juillet de l'année suivante, elle conclut avec ce monarque un traité d'alliance défensive, connu sous le nom d'Unkiar-Skélessi, en même temps qu'un pacte secret par lequel elle obtenait la fermeture des Dardanelles à l'égard de tous les bâtiments de guerre étrangers.

La convention d'Unkiar-Skélessi, qui conférait au gouvernement de Saint-Pétersbourg le droit de dominer sur la mer Noire et lui permettait de lancer dans la Méditerranée ses navires et ses soldats contre ses ennemis ou de rester paisiblement dans le Pont-

1. P. H. Michelet. *La Mer Noire et les Détroits de Constantinople*, p. 285 et 286.

Enfin et d'exiger que l'armée ottomane en gardât les portes, lui donnait sans doute une prépondérance trop considérable en Orient pour qu'il pût la conserver pendant longtemps, car par le traité de Munchengraetz, conclu entre l'Autriche et la Russie, ces deux États s'engagèrent à agir ensemble sur les bords du Bosphore [1].

Et par le traité de Londres du 15 juillet 1840 [2], signé à la suite d'une conférence diplomatique tenue dans cette ville pour établir un accord international afin de contraindre Méhémet-Ali, qui était de nouveau en rébellion contre le gouvernement turc, à déposer les armes, l'Autriche, la Grande-Bretagne, la Prusse et la Russie sont convenues que, si le vice-roi d'Égypte, après s'être refusé de se soumettre aux conditions de l'arrangement qu'on allait lui proposer, dirigeait ses forces de terre ou de mer vers Constantinople, elles pourvoiraient, sur l'invitation du Sultan, à la défense du trône de ce Souverain, au moyen d'une coopération concertée en commun, dans le but de mettre sa capitale et les deux détroits entre lesquels elle est bâtie à l'abri de toute agression [3]. Mais cette mesure ne devait déroger en rien à l'ancienne règle de l'empire ottoman, en

1. P. H. Mischet, *La Mer Noire et les Détroits de Constantinople*, p. 282 et 303.
2. A. de Clercq, *Recueil des Traités de la France*, t. IV, p. 578.
3. Article 3.

vertu de laquelle il a été de tout temps défendu aux bâtiments de guerre des Puissances étrangères d'entrer dans les Dardanelles et dans le Bosphore, que, par cet acte, la Porte, d'une part, s'obligea à maintenir désormais tant qu'elle se trouverait en paix et, de l'autre part, les quatre États mentionnés s'engagèrent à respecter dans les mêmes circonstances [1].

Comme, au moment de la signature de ce traité, le gouvernement français fut laissé de côté sous prétexte qu'il voulait qu'on gardât des ménagements envers le vice-roi d'Égypte, quand en réalité ce fut parce qu'il procédait d'un mouvement révolutionnaire, après la soumission de Méhémet-Ali, on l'invita à coopérer de nouveau à la conservation de l'empire ottoman et, par une convention conclue à Londres, le 13 juillet 1841 [2], entre la France, l'Autriche, la Grande-Bretagne, la Prusse, la Russie et la Turquie, cette dernière Puissance s'engagea, en des termes analogues à ceux employés l'année précédente, à faire observer la règle de la fermeture des détroits qui nous occupent, et les cinq autres, invoquant l'intérêt général de l'Europe, s'obligèrent à respecter cette détermination [3]. Mais le Sultan se réserva de délivrer des firmans de passage aux bâti-

1. Article 4.
2. A. de Clercq, *Recueil des Traités de la France*, t. IV, p. 506.
3. Article 1er.

ments de guerre légers destinés au service des légations des États amis[1].

Les choses en étaient là, lorsque la tendance du
gouvernement russe à se rendre maître de Constantinople amena la guerre de Crimée, à la suite de
laquelle la France, l'Autriche, la Grande-Bretagne,
la Prusse, la Russie, la Sardaigne et la Turquie
signèrent à Paris, le 30 mars 1886, un traité[2] qui
contient plusieurs dispositions se rattachant plus
ou moins à la question des détroits de la mer Noire,
que nous ne saurions passer entièrement sous
silence.

La France, l'Autriche, la Grande-Bretagne, la
Prusse, la Russie et la Sardaigne, est-il dit dans le
traité de Paris, « déclarent la Sublime-Porte admise
« à participer aux avantages du droit public et du
« concert européen » : elles « s'engagent, chacune
« de son côté, à respecter l'indépendance et l'inté-
« grité territoriale de l'Empire Ottoman, garantis-
« sent en commun la stricte observation de cet
« engagement et considéreront, en conséquence,
« tout acte de nature à y porter atteinte comme une
« question d'intérêt général ». La mer Noire est

1. Article 3.
2. A. de Clercq, *Recueil des Traités de la France*, t. VII.
p. 59.
3. Article 7.

neutralisée[1]; ouverts et libres à la marine marchande de tous les pays[2], ses eaux et ses ports sont interdits au pavillon de guerre de toutes les nations sauf pour dix petites corvettes que le Sultan et le Tzar pourront, l'un et l'autre, y faire séjourner[2] et pour deux stationnaires légers que chacun des États contractants est autorisé à maintenir aux embouchures du Danube pour assurer l'exécution des règlements relatifs à la liberté de ce fleuve[4]; son littoral sera dépourvu d'arsenaux militaires-maritimes[5]. La Turquie n'admettra, tant qu'elle se trouvera en paix, aucun bâtiment de guerre étranger dans les détroits des Dardanelles et du Bosphore, à l'exception de ceux qui seront préposés au service des Légations des gouvernements amis et des stationnaires du Danube; et les autres Puissances signataires s'engagent à respecter cette règle[6].

La neutralité de la mer Noire et ses accessoires avaient pour but principal de protéger la Turquie contre les entreprises militaires de la Russie. Ils

1. Article 11.
2. Articles 11 et 12.
5. Articles 11 et 13 du traité général et 2 de la convention russo-turque annexe.
4. Article 19 du traité général et 3 de la première annexe.
5. Article 15.
6. Première annexe. Nous reproduisons l'esprit et non la lettre de ce texte.

favorisaient donc la première de ces nations, mais ils gênaient énormément le développement du pouvoir naval de la seconde. Aussi le gouvernement de Saint-Pétersbourg ne tarda-t-il pas à s'en affranchir; car, profitant des événements de 1870, il déclara qu'il ne les tenait plus pour obligatoires[1] et provoqua ainsi la réunion d'une conférence diplomatique qui aboutit à la conclusion d'un traité, signé à Londres, le 13 mars 1871[2], par la France, l'Allemagne, l'Autriche, la Grande-Bretagne, l'Italie, la Russie et la Turquie, aux termes duquel cette institution du droit des gens et les restrictions spécialement imposées aux deux empires riverains du Pont-Euxin furent abolies[3] et remplacées par la faculté accordée au Sultan d'ouvrir les Dardanelles et le Bosphore « en temps de paix aux bâtiments de guerre » des États amis et alliés « dans le cas où la Sublime-Porte « le jugerait nécessaire pour sauvegarder l'exécu- « tion des stipulations du traité de Paris du 30 mars « 1856[4] ». Disposition qui est toujours en vigueur. Mais, depuis le congrès de Berlin de 1878, elle fait l'objet de deux interprétations bien différentes[5].

1. Dépêche du 31 octobre 1870, adressée par la Russie aux autres États signataires du traité de Paris.
2. A. de Clercq, *Recueil des Traités de la France*, t. X, p. 486.
3. Article 1er.
4. Article 2.
5. Louis Renault. Leçon du 3 décembre 1896.

En effet, par le traité de Paris, comme nous l'avons indiqué ailleurs, le Sultan s'engagea envers tous ses co-signataires, collectivement considérés, à faire observer la règle de la clôture des détroits de Constantinople, et les six grandes Puissances européennes s'obligèrent non seulement à l'égard de ce monarque, mais encore vis-à-vis de chacune d'elles, à respecter cette mesure d'intérêt commun ; d'où il résultait que, tant que la Porte se trouvait en paix, aucune d'elles ne pouvait, sans le consentement de toutes les autres, obtenir de firman de passage que pour les bâtiments de guerre qui devaient nécessairement être admis dans ces bras de mer. Or, parmi ces nations, il en est qui soutiennent que le traité du 13 mars 1871 a transformé les divers engagements que nous venons de mentionner en un contrat particulier entre la Turquie et chacune d'elles et rendu, en conséquence, le Sultan maître d'ouvrir les Dardanelles et le Bosphore au pavillon de guerre des Etats amis et alliés toutes les fois que les circonstances le lui conseilleraient ; d'autres au contraire, sont d'avis que le texte qui nous occupe n'a fait subir aucune modification aux rapports juridiques antérieurement établis et que, par suite, la Porte ne saurait user du pouvoir qu'il lui confère sans l'autorisation de toutes les grandes Puissances européennes.

Bien que ces deux opinions contiennent, l'une et

l'autre, une grande part de vérité, et aient alternativement été défendues par les Cabinets de Londres et de Saint-Pétersbourg[1], elles ne feront probablement jamais école, parce qu'elles sont trop absolues ; car, il est presque certain que l'Empereur des Ottomans a le droit d'ouvrir librement les détroits en question quand il s'agit d'assurer l'exécution des clauses du traité de Paris, du 30 mars 1856, et qu'il n'a pas cette faculté lorsqu'on poursuit un autre but. Par exemple, ce Souverain pouvait, de sa propre volonté, délivrer des firmans de passage pour que des navires de la marine militaire russe du Pont-Euxin se rendissent dans les eaux de Crète au moment où la Grèce cherchait à s'annexer cette île ; mais il n'aurait pas pu leur permettre qu'en 1900, ils franchissent le Bosphore et les Dardanelles pour aller aux mers de Chine.

Ainsi, de ce que nous venons de voir, il ressort que les détroits qui font communiquer la Méditerranée et la mer Noire sont toujours ouverts aux bateaux marchands de tous les pays et qu'en général ils restent fermés au pavillon militaire de toutes les nations. Leur condition juridique s'écarte du droit commun en ce que la Sublime Porte est obligée de n'y admettre, en temps de paix, aucun

1. P. H. Mischef. *La mer Noire et les Détroits de Constantinople*, p. 599 et 600.

bâtiment de guerre étranger, sauf ceux des Puissances amies et alliées destinés au service des Légations à Constantinople[1], à stationner devant les embouchures du Danube ou à assurer l'exécution du traité de Paris de 1856[2].

8. Des canaux maritimes

a) Généralités. — Après s'être rendu compte des bénéfices que la navigation retirait des canaux naturels qui unissent les mers, l'homme en a creusé de semblables afin de raccourcir les distances maritimes entre certains points du globe.

Le percement des isthmes répond au désir de créer des voies qui permettent aux navires marchands d'économiser du temps et du combustible et aux bâtiments de guerre de se rendre rapidement dans les lieux où leur présence devient nécessaire.

Les canaux maritimes ont donc une valeur mercantile et stratégique considérable et jouent, en conséquence, un rôle important dans le dénouement

1. Depuis 1895, leur nombre est de deux par État.

2. En 1808, le Sultan se réserva, en principe, de délivrer des firmans de passage aux navires de guerre escortant ou ayant à bord le chef d'un État indépendant. Perels, *Manuel de Droit Maritime International*, p. 59.

des luttes économiques et politiques qui s'engagent entre les États.

Quoique de si gros intérêts se rattachent à ces œuvres gigantesques, elles n'ont fait leur apparition qu'à une époque récente, raison pour laquelle on les considère comme un produit de la civilisation actuelle. Cependant, si elles ne sont pas venues plus tôt, ce n'est pas que la conception en soit nouvelle, mais parce que les routes qu'elles constituent, ne pouvant être commodément parcourues par les bateaux à voiles, ne furent en état de rendre de véritables services à la navigation qu'après la découverte et l'utilisation de la vapeur.

Ainsi, lorsque le génie humain eut donné au marin le moyen de diriger les flottes indépendamment des caprices des vents, il lui prépara, artificiellement, à travers les terres, des chemins de communication entre les mers, destinés à augmenter ses forces et son activité en le dégageant de l'obligation de doubler quelques grands caps et d'affronter les tempêtes qui y sévissent si souvent.

La faculté de créer ces voies maritimes est exclusivement réservée au gouvernement à travers le territoire duquel elles doivent passer. Et cependant il y a des raisons pour croire que, pour modifier la forme de la mer comme le fait le percement d'un isthme, il faudrait le consentement de tous les États.

En effet, si la mer ne relève de personne, comme
la presque unanimité des auteurs le pense, tous les
pays peuvent également profiter des services qu'elle
rend à l'homme ; mais il est fort probable qu'aucun
d'eux n'a le droit de l'utiliser exclusivement pour
son usage particulier. Si, au contraire, elle est la
copropriété des nations, ce qui est plus vraisemblable, c'est à celles-ci, collectivement, qu'il appartient de décider s'il convient de la transformer
pour introduire des modifications dans la façon de
l'exploiter.

Et puis, l'exercice de la souveraineté n'est certainement pas sans bornes. Lorsqu'un État use de
l'autorité suprême pour se développer et pour progresser dans la mesure de ses forces, il reste dans
le cercle de ses attributions, pourvu qu'il ne porte
atteinte ni à la liberté ni à l'indépendance de ses
voisins ; mais quand il s'en sert pour permettre que
sur son territoire on exécute des ouvrages qu'il ne
peut matériellement pas entreprendre lui-même et
qui sont susceptibles de léser les intérêts d'un
grand nombre de Puissances, il en abuse. En donnant la permission de creuser un canal maritime
à travers ses domaines, il compromet plus ou
moins la tranquillité et même la sécurité externe
de presque tous les peuples qui, à cause de la
nouvelle voie, vont se trouver moins éloignés
qu'auparavant de nations désireuses d'étendre leur

influence politique ou économique et plus fortes ou
plus énergiques qu'eux et, en conséquence, il ne
peut, de sa propre volonté, faire de semblables
concessions sans heurter l'équité qui doit toujours
présider aux relations internationales.

Les canaux de communication entre les mers restent sous la juridiction du gouvernement local, qui
est maître de prendre à leur égard les mesures qu'il
juge nécessaires[1]. Mais est-il tenu d'en interdire
l'accès aux bâtiments de guerre des Puissances belligérantes ? Il est probable que oui, parce qu'il con-
serve la souveraineté du terrain que leurs eaux
couvrent, comme l'alinéa premier de l'article 552
du Code Civil français l'indique clairement en ces
termes : « La propriété du sol emporte la propriété
« du dessus et du dessous. »

Cependant, il y a des États et des jurisconsultes
très distingués qui soutiennent que, du moment
où ces routes maritimes sont achevées, elles deviennent, tant par leur nature que par leur destination,
des parties intégrantes de la mer au même titre que
les détroits et sont aussi libres qu'eux[2], c'est-à-dire
qu'elles ne peuvent jamais être fermées au pavillon
de guerre d'aucun pays et qu'on doit faire respecter

[1] Louis Renault, Leçons des 28 novembre et 5 décembre 1896.

[2] Ch. Calvo, Le Droit International théorique et pratique, t. I,
n° 346, p. 407.

la règle des vingt-quatre heures dans leurs embouchures.

À cette thèse, on répond que, le lit des canaux n'étant pas dénationalisé, ce n'est pas aux détroits que ces voies artificielles doivent être assimilées mais au territoire maritime des nations [1] et, partant, les gouvernements qui les possèdent peuvent les ouvrir à la marine militaire des Puissances belligérantes de la même manière que les ports et les rades de leurs États.

Mais la seconde de ces opinions, à laquelle il faut reconnaître le mérite d'avoir établi que la doctrine précédente repose sur de fausses bases, a le défaut de tirer une conséquence inexacte de ses prémisses : car, dans les ports et dans les rades des pays neutres, les navires belligérants restent *stationnaires*, tandis que, dans les canaux maritimes, ils *se meuvent* afin de se rendre d'une mer dans une autre et de se trouver là où leur présence est nécessaire.

Ainsi donc, l'une et l'autre des deux théories dont nous venons de parler contiennent une erreur capitale qui les rend inacceptables.

Cette circonstance permet de croire qu'il est à peu près certain qu'en leur qualité de souverains du tréfonds, les États doivent, pour rester vraiment neutres, empêcher que les bâtiments de guerre des

[1] L. M. Rossignol, *Le Canal de Suez*, p. 166 et 170.

Puissances belligérantes passent par les canaux de communication entre les mers creusés à travers leur territoire, bien que, dans la pratique, ils soient, pour ainsi dire, dispensés de cette obligation relativement à toute une catégorie de ces voies d'eau.

Les canaux maritimes se divisent en deux groupes très différents, qu'on pourrait appeler d'*utilité nationale* et d'*intérêt général*, parce que : les uns ont pour but principal de faciliter la défense des côtes et le développement du commerce du pays dans lequel ils sont situés ; et les autres sont destinés à favoriser indistinctement la navigation au long cours de tous les États.

Les canaux d'utilité nationale, comme par exemple ceux de Guillaume Ier et de Corinthe, restent complètement soumis aux lois et aux règlements locaux.

Les canaux d'intérêt général, au contraire, sont presque entièrement régis par l'acte de concession et leur condition juridique tend à être établie au moyen de conventions internationales, comme nous allons le voir en nous occupant de chacun d'eux en particulier.

Il n'y a que deux canaux d'intérêt général : l'un terminé, celui de Suez ; et l'autre en voie d'exécution, celui de Panama.

b) *Du canal de Suez et de celui de Panama en parti-*

— 213 —

entier. — *Du canal de Suez.* — Le canal de Suez [1], dont le projet remonte à une très haute antiquité, a été creusé par M. Ferdinand de Lesseps pour le compte d'une Société anonyme égyptienne, ayant son domicile légal à Alexandrie et son siège administratif à Paris, à laquelle les décrets du Khédive des 30 novembre 1854 et 5 janvier 1856, confirmés par le firman du Sultan du 22 février 1866, l'avaient concédé pour 99 ans, comptés du jour où il serait livré au trafic, en lui conférant la faculté d'y soumettre les navires au payement d'une taxe de pilotage, de remorquage, de halage et de stationnement et d'un droit spécial de navigation pouvant atteindre la somme de dix francs par *tonneau de capacité* et par tête de passager, pour s'indemniser des dépenses de construction, d'entretien et d'exploitation, mais avec charge de verser annuellement le quinze pour cent des recettes nettes dans les caisses du vice-roi d'Egypte en reconnaissance de la souveraineté. Comme il fut inauguré le 17 novembre 1869, la Compagnie concessionnaire en a la jouissance jusqu'au 17 novembre 1968, date où il doit faire retour au gouvernement local ; mais il peut être donné à bail de nouveau.

Cette voie maritime traverse le territoire égyptien

1. *Historia Universal* de Cantu, t. XIII. *Historia de la cuestion de Oriente*, p. 159 et suivantes.

pour unir la Méditerranée et la mer Rouge et, en conséquence, elle fait partie de l'empire ottoman.

Juridiquement, le Sultan est donc, vraisemblablement, tenu d'en interdire l'accès, lorsqu'il reste neutre, au pavillon militaire des Puissances en guerre; et, quand il est belligérant, il peut y exercer le droit de visite à l'encontre des bateaux marchands et même l'obstruer, mais, par contre, les ennemis de la Porte peuvent le bloquer ou s'en emparer.

En fait, la route qui nous occupe a, de tout temps, été considérée comme une œuvre d'intérêt général exclusivement réservée aux opérations pacifiques, et tous les bâtiments ont pu y passer à la seule condition qu'ils payassent les péages et respectassent les règlements qui y étaient établis.

Afin que la canal en question eût un caractère cosmopolite[1] et purement commercial, le vice-roi d'Égypte le concéda à une *Compagnie universelle*, ou composée d'actionnaires de diverses nationalités, et le déclara perpétuellement neutre et ouvert à la marine marchande de toutes les nations. Et le Sultan, convaincu que les vaisseaux militaires avaient un tirant d'eau plus considérable que les bateaux marchands, voulait qu'on le creusât d'une profondeur et d'une largeur trop restreintes pour que les bâtiments de guerre pussent y passer; et,

1. Paul Gicalès, *La Mer côtière*, p. 11.

— 213 —

par son firman de ratification, il le déclara accessible aux navires de commerce de tous les pays.

Mais, aussitôt que la nouvelle voie maritime fut
créée, les bâtiments de guerre la parcoururent,
quoiqu'on ne sût pas encore à quelles conditions ils
pouvaient y être admis ni s'il fallait en exclure
ceux des États belligérants.

Pour se renseigner sur ces points, le gouvernement ottoman consulta, en décembre 1873, une
conférence internationale, réunie alors à Constantinople dans le but de résoudre certaines difficultés
relatives au droit de tonnage survenues entre la
Compagnie concessionnaire et un grand nombre
d'armateurs et de Compagnies maritimes, qui
déclara que : « Désormais la navigation du canal
« de Suez sera commune aux bâtiments de com-
« merce, aux bâtiments de guerre et aux bâtiments
« affrétés pour le transport des troupes[1] »; mais
elle ne décida rien pour le cas où le souverain territorial deviendrait belligérant, hypothèse qui se
réalisa en 1877.

Dès que, le 24 avril de l'année mentionnée, la
Russie eut déclarée la guerre à la Turquie, M. de
Lesseps, craignant pour la liberté du canal, parce
que la première de ces nations pouvait le bloquer
et la seconde avait le droit de l'obstruer, se rendit

[1]. L. M. Rossignol, *Le Canal de Suez*, p. 84, 85 et 189.

à Londres afin de proposer au gouvernement britannique de le neutraliser. Au lieu de donner cours à cette idée, l'Angleterre demanda à la Russie quelle politique elle pensait suivre aux approches de l'isthme de Suez. Le gouvernement russe répondit que : « Le Cabinet impérial ne veut ni bloquer, « ni interrompre, ni menacer en rien la navigation « du canal de Suez. Il la considère comme une « œuvre *internationale* intéressant le commerce du « monde et qui doit rester hors de toute atteinte [1] ».

La déclaration de la Russie suffisait largement à calmer les inquiétudes du moment, mais elle ne conjurait pas le péril de complications futures; aussi tous les États intéressés sentirent le besoin d'appliquer à ce canal un système juridique propre à sauvegarder les multiples intérêts qui déjà y reposaient.

L'initiative pour résoudre cette importante question fut prise, en 1879, par l'Institut de Droit International qui, dans sa réunion de Bruxelles, adopta les résolutions suivantes [2] :

« 1° Il est d'intérêt général pour toutes les « nations que le maintien et l'usage du canal de « Suez pour les communications de toute espèce « soient, autant que possible, protégés par le « droit des gens conventionnels ;

1. Paul Godey. *La Mer côtière*, p. 45.
2. *L'Année Maritime*, 1880, p. 154.

« 2° Il est à désirer que, dans ce but, les États
« se concertent à l'effet d'éviter, autant que possi-
« ble, toute mesure par laquelle le canal et ses
« dépendances pourraient être endommagées ou
« mis en danger même en cas de guerre ;

« 3° Si une puissance vient à endommager les
« travaux de la Compagnie universelle du canal de
« Suez, elle sera obligée de plein droit de restaurer
« aussi promptement que possible, les ouvrages
« endommagés et à rétablir la pleine liberté de la
« navigation ».

Bien que ces conditions ne puissent être considérées que comme un vœu d'un corps dépourvu de
tout caractère officiel, elles participent, cependant,
de la valeur doctrinale des éminents jurisconsultes
qui les formulèrent et, en outre, elles eurent le
mérite d'attirer l'attention des grandes Puissances
européennes sur le besoin de s'entendre pour veiller ensemble au maintien de la liberté de la navigation du canal de Suez.

Mais celles-ci ont vraisemblablement agi un peu
trop tard, car, bien que dans le protocole, dit de
désintéressement, de la conférence qu'elles eurent à
Constantinople, dès le 22 juin 1882[1], le principe de
la protection internationale du canal[2] ait été pro-

1. L. M. Rossignol, *Le Canal de Suez*, p. 116.
2. Ch. Calvo, *Le Droit International théorique et pratique*, t. I,
n° 577, p. 509

chamé, au mois d'août suivant, la Grande-Bretagne occupa militairement l'Égypte, afin de réprimer une sédition qui venait d'y éclater, et elle ne l'a pas encore évacuée.

Peu de temps après avoir accompli ce fait, c'est-à-dire en janvier 1883, le gouvernement anglais communiqua une circulaire à la France, à l'Allemagne, à l'Autriche, à l'Italie, à la Russie et à la Turquie, dans laquelle il proposait la réunion d'une conférence internationale destinée à confectionner une convention garantissant le libre usage du canal mentionné à la marine de tous les pays[1].

Aucune réponse définitive n'a- -t été faite à cette note, ce fut à la suite de nouvelles démarches, partant, en général, du quai d'Orsay, que, le 17 mars 1883, les États intéressés convinrent de rédiger l'acte en question. A cet effet, ils demandèrent à l'Espagne et à la Hollande de se joindre à eux en qualité de nations possédant des colonies en Extrême-Orient, et nommèrent leurs Représentants qui, accompagnés d'un délégué de l'Égypte auquel on n'accorda que voix consultative, se réunirent en conférence à Paris, à partir du 30 de ce mois, commencèrent par examiner un projet de convention préparé par le Cabinet de Londres et discutèrent,

1. Ch. Calvo, *Le Droit International théorique et pratique*, t. I, n° 578. p. 509.

ensuite, une proposition d'entente émanant du gouvernement français. Comme le système élaboré par
la Chancellerie française réunit tous les suffrages, à
l'exception de ceux de l'Angleterre et de l'Italie, les
Plénipotentiaires se séparèrent sans être arrivés à
d'autres résultats qu'à l'adoption d'un projet de convention en dix-sept articles, destiné à être soumis
à la considération de leurs gouvernements.

Cet échec fut suivi d'une période de négociations
diplomatiques, très laborieuses, qui aboutirent à la
conclusion d'un traité[1], signé à Constantinople, le
29 octobre 1888, par l'Allemagne, l'Autriche-Hon-
grie, l'Angleterre, l'Espagne, la France, l'Italie, les
Pays-Bas, la Russie et la Turquie.

Aux termes de l'article premier de la convention
du 29 octobre 1888, le canal maritime de Suez doit,
en tout temps, rester ouvert et libre à tous les bâtiments de guerre et de commerce, sans distinction
de nationalité. Il ne peut pas être assujetti à l'exercice du droit de blocus. Et les hautes parties contractantes s'engagent à ne jamais porter atteinte à
son libre usage.

D'autres articles établissent qu'aucun acte d'hostilité ne peut être exécuté dans ce canal, comme non
plus dans ses ports d'accès ni dans un rayon de
trois milles marins des eaux qui les baignent, même

1. *Journal Officiel* du 5 janvier 1889.

dans le cas où la Turquie serait belligérante[1]. Qu'il est interdit aux nations en paix de faire stationner des vaisseaux militaires dans ces lieux, à l'exception de deux que chacune d'elles peut maintenir à Port-Saïd et à Suez[2]. Que les États belligérants ne jouissent pas de ce droit[3]; ni de la faculté de prendre ou de laisser, dans les endroits mentionnés, des soldats, des munitions ou du matériel de guerre, à moins que quelque empêchement accidentel ne survienne dans le canal, cas dans lequel il leur sera permis de débarquer et d'embarquer, dans les ports d'accès de cette route, des troupes, par fractions ne dépassant pas mille hommes, avec leur armement correspondant[4]; et que leurs navires militaires et leurs prises maritimes[5] ne peuvent s'approvisionner dans ces lieux que dans la limite strictement nécessaire, sont tenus de passer de l'une à l'autre mer le plus rapidement possible et ne doivent s'arrêter plus d'un jour à Port-Saïd et dans la rade de Suez, à moins que ce ne soit pour ne pas contrevenir à la règle des vingt-quatre heures et sauf le cas de relâche forcée[6].

1. Article 4, alinéa 1er.
2. Article 7, alinéa 1 et 2.
3. Article 5, alinéa final.
4. Article 5.
5. Article 6.
6. Article 4, alinéa final.

Les diverses dispositions qui précèdent présentent entre elles une différence juridique considérable : celles qui émanent de l'article premier sont immuables, tandis que le gouvernement égyptien et le Sultan ont le droit de modifier les autres toutes les fois qu'elles se trouveront en opposition avec les moyens à employer pour assurer le respect de ce traité[1] ou porteront obstacle à ce qu'ils puissent pourvoir, par leurs propres forces, à la défense de l'Egypte ou au maintien de l'ordre public[2] ; mais ils ne sont pas autorisés à prendre des mesures susceptibles de gêner la libre navigation du canal[3].

Enfin, dans les autres clauses de la convention que nous analysons, il est dit que les Puissances signataires renoncent à rechercher, dans leurs arrangements avec la Turquie, des avantages territoriaux ou commerciaux, relatifs au canal maritime[4] et qu'elles s'obligent à respecter la conduite d'eau douce[5], comme aussi le matériel, les établissements, les constructions et les travaux de ces deux canaux[6], dont le second est indispensable à l'exploitation du premier. Qu'elles conviennent de porter le présent traité à la connaissance des autres nations et de

1. Article 9, alinéa 4 et 5.
2. Article 10, alinéa 1 et 2.
3. Article 11, alinéa 1er.
4. Article 12.
5. Article 2.
6. Article 3.

les inviter à y accéder[1]; déclarent que les engagements qui en résultent ne sont pas limités par la
durée de la concession faite à la Compagnie universelle de Suez[2]; en confient l'exécution au Khédive[3]
et chargent leurs Agents diplomatiques, au Caire,
de veiller à ce qu'il soit fidèlement observé, à l'effet
de quoi ils doivent se réunir sur la convocation de
trois d'entre eux et au moins une fois par an[4] et
demander, notamment, la suppression de tout ouvrage et la dispersion de tout rassemblement non
indispensables à la conservation de l'état sanitaire
du pays[5], suivant les règlements en vigueur, ni à sa
sécurité interne ou externe, ni à celle des autres
territoires que le sultan possède sur la côte orientale de la mer Rouge[6], qui existeraient sur l'une
ou l'autre rive du canal principal, lequel doit rester entièrement dépourvu de fortifications perma-
nentes[7].

De cet ensemble de règles, il ressort que le canal
de Suez constitue une route maritime qui doit être
toujours ouverte à tous les bâtiments et ne peut
servir que pour le transit. Il est, en conséquence,

1. Article 16.
2. Article 14.
3. Article 9, alinéa 1er.
4. Article 8.
5. Article 15.
6. Article 10, alinéa 5
7. Article 11, alinéa 2.

plutôt une voie libre qu'une voie neutre ; ce que,
d'ailleurs, la convention de 1888 établit clairement,
car elle a soigneusement évité d'employer le mot
neutre et a souvent fait usage du mot *libre* et, en
réalité, elle ne l'a neutralisé que dans le sens
qu'aucun acte d'hostilité ne peut y être exécuté.

Mais en dehors du grand intérêt doctrinal qu'il
présente, ce traité est, pour le moment, presque
sans importance, parce qu'il ne peut commencer à
régir que le jour où l'Angleterre évacuera l'Égypte
et, par suite, la condition juridique du canal de
Suez est toujours celle que lui imposent les principes généraux du droit international et les décrets
de concession.

Et, lorsqu'elle sera mise en vigueur, la convention qui nous occupe ne fonctionnera vraisemblablement que d'une manière imparfaite, parce que les
Puissances signataires se sont seulement obligées à
la respecter, et non à la respecter et à la faire respecter, et, au lieu de confier son exécution à une
Commission européenne ou mixte fortement constituée, comme le gouvernement français le demandait, elles en ont chargé le Khédive, prince notoirement incapable de remplir convenablement cette
mission, puisqu'il est trop faible pour se faire obéir
par les formidables escadres que possèdent la plupart desdits États, sujet à être impliqué dans quelque guerre qui le rende absolument impuissant à

exercer son mandat pendant un laps de temps plus ou moins long, et sans juridiction à l'égard des amiraux ottomans, qui porteraient atteinte à la liberté ou à la sécurité du canal, à cause de sa qualité de vassal du Sultan.

Pour que le traité du 29 octobre 1888 atteigne complètement son but, on croit qu'il faudrait neutraliser l'Égypte et la mer Rouge et les placer sous la garantie des grandes Puissances européennes.

Du canal de Panama. — Quelques années après avoir creusé le canal de Suez, M. de Lesseps tenta de couper l'isthme de Panama, afin de faire communiquer les Océans Atlantique et Pacifique à peu près dans leur centre, œuvre qu'à cause de certaines difficultés économiques, il ne put que commencer.

Cet homme de génie n'agissait pas pour son compte, mais pour celui d'une Société anonyme, connue sous le nom de « Compagnie universelle du Canal interocéanique », qui était concessionnaire de la construction et de l'exploitation d'un canal maritime, allant de Colon à Panama, en vertu d'une loi colombienne du 28 mai 1878[1], dont nous allons dégager les principales dispositions.

Par l'acte de succession, le gouvernement colom-

---

[1]. Une première loi de concession, remplacée par celle-ci, fut faite le 28 mai 1875.

bien déclaré[1] le futur canal et ses ports d'accès :
perpétuellement neutres ; également ouvert aux
navires de tous les pays, à condition qu'ils payent
les taxes de transit et observent les règlements que
les concessionnaires y établiraient[2] ; et fermés à la
marine militaire des Etats belligérants[3]. Mais il
fait quatre réserves qui restreignent considérablement la portée de ces principes. Car il permet que
les bâtiments de guerre des Puissances belligérantes,
auxquelles il aurait accordé ce privilège au moyen
d'un traité, puissent passer par le canal ; il garde
la faculté de concéder le même droit aux troupes étrangères, lorsque le Congrès l'y autorisera ; il
refuse l'accès du canal à tous les vaisseaux des
nations, avec lesquelles il serait en hostilités, qui
n'auraient pas, par convention, obtenu la permission de le parcourir en tout temps et garantie la
neutralité de ses eaux et la souveraineté de la
Colombie sur l'isthme ; et, enfin, il veut que ses
bateaux, ses soldats, et leurs munitions puissent
toujours circuler par le canal sans avoir à verser
aucun péage. A cela il ajoute que les concessionnaires ou leurs ayant droit peuvent transférer la con-

1. *Revue de Droit International et de Législation comparée*, 1895,
p. 159.
2. Article 5.
3. Article 6

cession à des capitalistes ou à des Compagnies financières, et qu'ils ne peuvent pas la céder à un gouvernement ou à un État[1]; mais, comme cette restriction sera certainement abrogée, le canal maritime qui serait construit à travers le territoire colombien pourra devenir la propriété d'une Puissance étrangère.

La Compagnie universelle du canal interocéanique s'étant vue dans la nécessité d'abandonner son œuvre, à la fin de 1888, à cause de l'épuisement de ses capitaux pécuniaires, et ayant, ensuite, été mise en liquidation, sa concession, ses travaux et son matériel ont été acquis par une autre Société, appelée : « Compagnie Nouvelle du Canal de Panama », qui s'est constituée, en 1894, dans le dessein de terminer le canal de ce nom, à l'effet de quoi elle travaille dans l'isthme et dispose d'un délai suffisamment long.

Le projet de joindre l'Atlantique et le Pacifique au moyen d'une voie navigable creusée à travers l'isthme de Panama est déjà ancien. La couronne de Castille le conçut, pour ainsi dire, dès qu'elle connut la configuration géographique de cette partie de l'Amérique[2]; et, si elle n'en entreprit pas l'exé-

1. Article 11

2. Antonio S. de Bustamante, Le canal de Panama et le droit international, Revue de Droit International et de Législation comparée, 1895, p. 11e et suivantes.

vention, ce fut, principalement, à cause des difficultés que les navires à voiles, dont elle était armée, éprouvaient, avant de pouvoir se faire remorquer, pour passer par des canaux longs et étroits, et pour ne pas susciter, chez certains États européens, l'envie de s'emparer de la route qu'elle aurait créée, afin de porter leur commerce ou de conquérir, à son détriment, des territoires dans le Grand Océan.

Lorsqu'en conséquence de l'émancipation des colonies espagnoles du Nouveau-Monde et de l'utilisation de la vapeur comme force motrice, ces obstacles eurent disparu ou ne furent plus redoutés, la construction du canal entre l'Atlantique et le Pacifique ne sembla plus qu'une affaire de temps; et, tant en raison des services que cette voie maritime est susceptible de rendre à la navigation que de la faiblesse naturelle de la Colombie, elle devint une question internationale qui attira l'attention de plusieurs gouvernements, dont quelques-uns ne tardèrent pas à prendre des mesures pour que la route qui nous occupe ne puisse pas léser leurs intérêts politiques ou économiques et pour que l'usage ne leur en soit pas interdit.

Parmi ceux-ci figure celui des États-Unis d'Amérique qui, se sentant menacé en songeant que le canal interocéanique en perspective pouvait devenir le siège des opérations militaires de quelque Puissance européenne, conclut, le 12 décembre 1846, un traité, avec la Nouvelle-Grenade, par l'article 35 duquel il garantit à cette nation la possession et la neutralité de l'isthme de Panama et obtint d'elle le libre passage à travers ce territoire par toutes les voies de communication existantes et à construire.

Ce texte, qui est toujours en vigueur, autorise donc les Etats-Unis à intervenir dans les affaires de la Colombie pour empêcher qu'aucune Puissance étrangère ne mette la main sur l'isthme ou sur une quelconque des routes terrestres ou maritimes qui s'y trouvent ou y seraient créées ; mais il ne garantit pas qu'eux-mêmes ne seront jamais tentés de se rendre maîtres du canal de Panama et de l'exploiter à leur profit.

Cette lacune n'a, cependant, guère existé jusqu'à présent, grâce à l'attitude de la Grande-Bretagne. Car, si, d'une part, les Etats-Unis voulaient s'assurer que le canal mentionné ne deviendrait pas la propriété d'une nation étrangère et qu'il resterait toujours ouvert aux navires battant leur pavillon, afin de pourvoir plus facilement à la défense de leurs côtes du Grand Océan et au développement agricole et commercial de leurs territoires de l'ouest, d'autre part, l'Angleterre ne voulait pas qu'il tombât sous la domination du gouvernement nord-américain et elle tenait à être certaine d'y avoir accès en tout temps pour pouvoir mieux entretenir ses relations mercantiles avec les Républiques du Pacifique et se rendre en Océanie sans passer par le cap de Bonne-Espérance[1]. Aussi, lorsque ces deux Puissances se convainquirent qu'elles auraient également besoin de se servir de la voie interocéanique en question[2] et qu'aucune d'elles n'était disposée à permettre que l'autre la possédât, elles s'obligèrent à ne pas chercher à s'en emparer et à la prendre en leur protection.

En effet, le gouvernement des États-Unis, invoquant la doctrine Monroe, et celui de la Grande-Bretagne, le protectorat qu'il exerçait sur la Côte de Mosquitos, signèrent à Washington, le 19 avril 1850, un traité, appelé « Clayton-Bulwer », par l'article premier duquel ils établirent qu'aucun d'eux ne pourrait jamais avoir le contrôle exclusif du canal qui unirait l'Atlantique et le Pacifique ; ni occuper, ni coloniser, ni fortifier une partie quelconque de l'Amérique centrale, ni s'allier avec le Nicaragua, le Costa-Rica ou la Côte de Mosquitos, dans le dessein de le dominer ; ni obtenir, pour ses sujets, des avantages, relatifs au commerce et à la navigation de ce bras de mer artificiel, qui ne seraient pas accordés, dans les mêmes conditions, aux ressortissants de l'autre. Et, aux termes de l'article cinq, ils

1. Nous nous référons à une époque antérieure au percement de l'isthme de Suez.
2. Calvo, Le Droit International théorique et pratique, t. I, n° 580, p. 515.

s'obligèrent à protéger ledit canal contre toute interruption saisie ou confiscation injuste et à en garantir la neutralité afin qu'il restât toujours ouvert et libre et que le capital qui y aurait été engagé se trouvât en sûreté; protection que, d'après l'article huit, ils stipulèrent d'étendre à toutes les voies de communication qui traverseraient l'isthme de Panama. Mais, comme compensation de ces services, ils se réservèrent la faculté d'examiner et de réviser les taxes de transit et les règlements que les concessionnaires ou les propriétaires y auraient appliqués, pour qu'il n'y fût perçu que des péages raisonnables et afin d'en assurer l'accès aux sujets de tous les États qui se seraient obligés à protéger ces routes de la même manière que les parties contractantes, à des conditions identiques à celles qui y auraient été faites aux citoyens anglais et nord-américains.

Ce traité, qui contenait la clause d'accession et devait être porté à la connaissance des Puissances non signataires, vient d'être abrogé sans que cette formalité ait été remplie. Son annulation, ou sa révision, était demandée depuis longtemps par les États-Unis, à cause du contrôle international qu'il établissait sur toutes les voies de communication entre l'Atlantique et le Pacifique susceptibles d'être créées à travers l'isthme qui unit les deux Amériques ; car, comme ils ont pour principe d'éviter que

les nations étrangères se mêlent des affaires américaines, ils profitèrent de ce que, en 1881, il fut sérieusement question de creuser le canal de Panama
pour manifester leur intention de revenir à leur
politique extérieure traditionnelle et pour faire des
démarches destinées à obtenir la modification
ou la suppression de la convention qui les en a légèrement écartés pendant un peu plus d'un demi-
siècle. Au cours de l'année mentionnée, le Congrès
et le Cabinet de Washington se sont activement
occupés des conséquences que la réalisation de ce
projet pouvait avoir au point de vue de la sécurité
et du commerce de leur pays et, après plusieurs
délibérations, ils déclarèrent que, dès son achèvement, le canal interocéanique devait être neutre,
placé sous la garde exclusive du gouvernement nord-
américain et complètement dégagé de la surveillance
de toute puissance européenne. M. James Blaine,
alors ministre des Affaires Étrangères, se chargea de
préciser et essaya de justifier ces résolutions. A cet
effet, et afin de décider la Grande-Bretagne à procéder au remaniement du traité Clayton-Bulwer, il
envoya deux dépêches [1] à M. Lowel, Représentant
diplomatique du Cabinet de Washington à Londres,
dans lesquelles il arrivait à la conclusion que les
clauses de cette convention n'étaient pas applicables

1. Elles sont des 19 novembre et 1er décembre 1881

à la voie maritime qu'on allait construire, parce que
le développement que les États-Unis avaient pris sur
la côte du Pacifique imposait à leur gouvernement
des devoirs nouveaux, mais sacrés, à l'accomplissement desquels s'opposait le fait d'avoir donné à
l'Angleterre, en 1850, le contrôle d'un canal navigable quelconque qui serait ouvert à travers l'isthme
de Panama.

Malgré ces arguments et quoique le comité des
affaires étrangères du Sénat nord-américain adoptât,
le 10 janvier 1890, une proposition dans laquelle
on lit que[1] : « Toute action en vue de la conquête
« à main armée d'un territoire américain, de son
« achat, de sa cession ou de sa mise sous protecto-
« rat, ou pour contrôler *l'ouverture d'un canal ou de*
« *toute autre voie de transit à travers l'isthme améri-*
« *cain*, sera réputée une manifestation de disposi-
« tions anti-amicales envers les États-Unis et une
« intervention que les États-Unis ne sauraient, sous
« quelque forme qu'elle se produise, considérer
« avec indifférence », la Grande-Bretagne ne se
montra disposée à changer l'ordre de choses établi
qu'en 1900.

Le 5 février de cette année, M. John Hay, ministre
des Affaires Étrangères des États-Unis, et lord
Pauncefote, ambassadeur de Sa Majesté Britannique

1. Paul Gouley. *La Mer côtière*, p. 10.

à Washington, signèrent un traité portant certaines modifications à la convention de 1850, qui n'a pas été ratifié ; car le Sénat de l'Union américaine ne l'approuva qu'après y avoir, sans que la Constitution l'y autorisât[1], introduit plusieurs amendements, auxquels l'Angleterre ne voulut pas souscrire.

Mais, le 18 novembre 1901, ces mêmes Plénipotentiaires conclurent un nouveau traité[2], connu sous le nom de « Hay-Pauncefote », dans lequel il est dit : La présente convention abrogera celle du 19 avril 1850[3]. Le gouvernement des Etats-Unis aura, en se conformant aux dispositions ci-après, le droit exclusif de pourvoir à la réglementation et à l'administration du canal qui serait construit sous ses auspices, soit directement et à ses propres frais, soit par des dons ou par des prêts d'argent consentis à des particuliers ou à des sociétés, ou soit au moyen d'une souscription spéciale ou d'achats de matériaux ou d'actions[4] ; et sera libre de maintenir, le long de cette route maritime, la force militaire nécessaire pour la protéger contre tous désordres et méfaits[5]. Les Etats-Unis adoptent, comme bases de la neutralisation de ce canal, les règles suivantes,

1. Constitution des Etats-Unis, article 2, section 2, n° 2.
2. *The Times* du 16 janvier 1902.
3. Article 1er.
4. Article 2.
5. Article 5, n° 2, alinéa dernier.

substantiellement incorporées dans la convention de Constantinople du 29 octobre 1888[1], c'est-à-dire : le canal et les eaux adjacentes, jusqu'à la distance de trois milles marins de chacune de ses embouchures, seront ouverts et libres aux navires de commerce et de guerre de toutes les nations qui observeront ces règles, sans qu'il puisse être établi de différence à l'égard d'aucune d'elles, ou de ses sujets, quant aux conditions ou charges de transit, justes et équitables, qui pourront y être imposées, ni en rien; ils ne seront jamais bloqués, aucun droit de guerre n'y sera exercé et aucun acte d'hostilité n'y sera exécuté; les Puissances belligérantes ne pourront y embarquer ni y débarquer des troupes, des munitions ou du matériel de guerre que lorsque quelque obstacle accidentel interromprait le transit, mais, dans ce cas, elles devront continuer leur route avec la célérité possible[2], et leurs bâtiments de guerre, ainsi que leurs prises, n'y prendront que les vivres et les provisions strictement nécessaires, passeront le canal dans le plus court délai compatible avec les règlements qui y seront en vigueur et sans autres arrêts que ceux qui pourraient résulter des nécessités du service[3], et seront tenus de ne pas sta-

1. Article 5 *principium*.
2. Article 5, n° 1, et premier alinéa du n° 5.
3. Article 5, n° 2, alinéa 1er.
4. Article 5, n° 4.
5. Article 5, n° 5.

tionner plus d'un jour dans les eaux adjacentes, à moins que le respect de la règle des vingt-quatre heures ou leur état de détresse ne les oblige à y rester plus longtemps[1]; le matériel, les établissements, les édifices et tous les ouvrages nécessaires à la construction, à l'entretien et au service du canal, seront considérés comme en faisant partie et jouiront, en temps de guerre et en temps de paix, d'une complète immunité d'attaques ou d'agression, de la part des belligérants, et d'actes propres à les endommager ou à diminuer leur utilité. Et, enfin, aucun changement dans la souveraineté territoriale ou dans les relations internationales du pays ou des pays traversés par le susdit canal ne pourra modifier le principe général de neutralisation ni les obligations des hautes parties contractantes établis par ce traité[2].

Cette convention, dont l'échange des ratifications a annulé le traité Clayton-Bulwer, diffère principalement de celle qu'elle a abrogée qui, comme nous l'avons remarqué, obligeait les États-Unis et l'Angleterre à l'égard de toute voie de communication entre l'Atlantique et le Pacifique, traversant l'Amérique Centrale[3], en ce qu'elle ne se réfère qu'au

1. Article 5, n° 5, alinéa »
2. Article 5, n° 6
3. Article 4
4. Nous employons ces termes dans l'acception que peuvent

canal interocéanique qui y serait construit sous les
auspices de la première de ces Puissances. La condition juridique du canal de Panama sera, par suite,
très différente suivant qu'il soit creusé, ou plutôt
achevé, par la Compagnie Nouvelle du Canal de
Panama ou par les États-Unis : car, s'il est construit
par cette Compagnie, il relèvera de la Colombie et il
sera régi par la loi colombienne du 28 mai 1878 et,
partant, il sera presque toujours ouvert à la marine
de tous les pays et généralement fermé au pavillon
de guerre et à la milice des États belligérants, c'est-
à-dire qu'il sera libre et neutre, sauf dans quelques
cas exceptionnels, et le gouvernement nord-américain pourra, en vertu de l'article 35 du traité du
12 décembre 1846, intervenir pour empêcher qu'aucune nation étrangère ne l'occupe militairement et
pour faire respecter sa neutralité, tandis que, s'il
est creusé par les États-Unis, il se trouvera sous
leur domination et il ne sera vraisemblablement
accessible qu'aux Puissances qui observeront les
règles du traité Hay-Pauncefote, ou auront promis
de ne jamais le bloquer et de ne pas y exécuter
d'actes d'hostilité, mais les bâtiments de guerre de
celles d'entre elles qui seraient belligérantes pourront y passer et, en conséquence, il ne sera, en principe, ni libre ni neutre.

lement on leur donne dans la pratique, c'est-à-dire, désignant
l'Amérique Centrale proprement dite et l'isthme de Panama.

Pour compléter ces renseignements, nous dirons qu'il est fort douteux que ce soit la Compagnie Nouvelle du Canal de Panama qui construise le canal dont nous parlons, parce qu'elle n'a pas en main les fonds nécessaires et qu'elle a promis au gouvernement nord-américain de lui céder sa concession, son matériel et ses travaux ; qu'il est plus que probable que ce seront les Etats-Unis qui exécuteront cette œuvre, car leur situation géographique, le grand développement que leur industrie et leur commerce ont pris et l'esprit colonisateur qui vient de soudre chez eux leur imposent, pour ainsi dire, l'obligation de créer une voie maritime qui permette à leurs navires de se rendre de l'Atlantique au Pacifique et *vice versa* sans avoir à faire le tour par le détroit de Magellan ou par le cap Horn, et que, par suite, il est presque certain que le futur canal de l'Amérique Centrale sera soumis au second des deux régimes juridiques mentionnés.

A cela, il convient d'ajouter que : d'après une loi du 29 juin 1902, les Etats-Unis sont décidés d'achever le canal interocéanique qui est en voie d'exécution, si la Compagnie Nouvelle peut transmettre légalement ses droits, et, dans le cas contraire, d'en entreprendre un nouveau par le Nicaragua et le Costa-Rica ; et qu'ils construiront leur canal au milieu d'une bande de territoire, d'environ dix kilomètres de largeur et allant de l'un à l'autre Océan, que chacun des Cabinets de Bogota, de Managua et de San José est disposé à leur concéder, à perpétuité, ou à bail renouvelable tous les cent ans, et avec le droit d'y exercer presque tous les attributs de la souveraineté, à travers son pays respectif.

Ainsi, dans ce chapitre, nous avons vu que la mer territoriale s'étend jusqu'à la plus grande portée du canon, et que le principe que les détroits qui font communiquer deux mers libres sont libres est incontestablement établi et tend même à être appliqué aux canaux maritimes d'intérêt général.

Or, ces deux règles vont nous servir considérablement à mettre en lumière la condition juridique du détroit de Magellan, dont, d'ailleurs, elles sont les bases fondamentales.

CHAPITRE II

DE LA CONSTITUTION DE LA PROPRIÉTÉ DU DÉTROIT DE MAGELLAN

Pour déterminer comment la propriété du détroit de Magellan est constituée, nous avons deux points certains desquels nous pouvons partir. Ce sont : que les côtes de ce bras de mer ont de trois à quarante kilomètres d'écartement, et qu'elles appartiennent au Chili dans toute leur longueur, à l'exception de la partie, mesurant environ cent kilomètres et quart, de celle du nord, comprise entre les caps des Vierges et Dungeness, qui relève de la République Argentine.

Étant souverains des deux rives du canal, ces États le sont aussi de la portion de mer qui se trouve entre chacune d'elles et la ligne de respect.

Or, les eaux côtières des Puissances riveraines couvrent-elles tout le détroit qui nous occupe, ou y laissent-elles subsister une zone de mer libre au milieu ?

C'est ce que la largeur de la mer littorale va nous apprendre.

Mais, pour fixer l'étendue de la mer territoriale dans le canal mentionné, nous allons nous heurter à une petite difficulté provenant de ce que le Chili [1] et la République Argentine [2] ne portent leur souveraineté que jusqu'à la distance d'une lieue marine [3] au-delà du lais de la plus basse marée, bien qu'ils se réservent la faculté d'exercer le droit de police relatif aux matières qui intéressent la sécurité de leur territoire ou le respect de leurs lois fiscales, dans une zone de mer quadruple.

Nous nous trouvons donc en présence de deux règles différentes : l'une, de droit international, fixant, en principe, la ligne de respect à la plus grande portée du canon ; et l'autre, nationale, ne la plaçant qu'à trois milles marins de la côte. Laquelle devons-nous appliquer ?

La chose est bonne à savoir à cause, principalement, des devoirs que les Puissances maritimes ont à remplir dans leurs eaux territoriales envers les bâtiments étrangers, car l'application des lois chilienne et argentine laisserait, dans chacune des extrémités du détroit de Magellan, une zone de mer

1. Code Civil chilien, articles 593 et 594.
2. Code Civil argentin, article 2340, n° 1.
3. La lieue marine étant la vingtième partie d'un degré de latitude, correspond exactement à trois milles marins.

libre, dans laquelle les navires en détresse ou attaqués par l'ennemi, n'auraient droit ni au secours du Chili, ni à la protection de la République de la Plata.

Et le problème est assez facile à résoudre, parce que la législation particulière des États ne peut pas, à elle seule, régir les matières qui relèvent du droit international public. Et, comme la détermination de l'étendue des eaux littorales est une question éminemment internationale, il résulte que : pour décider si le canal qui sépare l'archipel de la Terre du Feu de l'extrémité méridionale du continent américain, est complètement absorbé par la mer territoriale des Puissances riveraines, il faut appliquer les principes généraux du droit des gens et non les lois chilienne et argentine.

Or, la portée du canon, la largeur et la configuration du détroit de Magellan, que nous connaissons déjà, nous apprennent que ce bras de mer peut être commandé depuis la terre et, en conséquence, qu'il appartient entièrement au Chili[1] et à la République Argentine[2], quoique dans des proportions fort inégales, puisque la Plata n'en possède qu'à peu près une cent-vingt-septième partie.

1. Code Civil chilien, article 58q. — *Memoria de Relaciones Exteriores*, 1884, p. 15.
2. Code Civil argentin, article 2550.

Mais cette propriété[1] comporte deux sortes de limitations[2], provenant : l'une, de ce que le détroit de Magellan est libre parce qu'il fait communiquer deux mers libres ; et l'autre, de l'obligation que les gouvernements chilien et argentin contractèrent, en 1881, de n'exercer, dans ce canal et sur ses côtes, qu'une souveraineté restreinte.

Comme la première de ces catégories de restrictions se trouve, pour ainsi dire, incorporée dans la seconde, nous en parlerons en même temps que de celle-ci, ou plutôt en nous occupant du texte qui l'établit, dont nous abordons immédiatement l'étude.

1. Code Civil chilien, articles 585 et 750.
2. Code Civil argentin, article 2340.

CHAPITRE III

L'ARTICLE V DU TRAITÉ DU 23 JUILLET 1881

1. La lettre de l'article V du traité du 23 juillet 1881

Les négociations relatives au règlement de la question des limites pendante entre le Chili et la République Argentine furent souvent interrompues à cause, en partie, de la souveraineté du détroit de Magellan, car chacun de ces États croyait être propriétaire de tout le bras de mer qui nous occupe[1] et voulait avoir, en conséquence, la possession de la totalité de ses côtes[2].

Cependant, comme les gouvernements de l'un et de l'autre des deux pays mentionnés étaient également désireux d'arriver à la conclusion d'un arrangement pacifique, ils parlèrent de se répartir le

1. *Memoria de Relaciones Exteriores*, 1881, p. 51.
2. *Memoria de Relaciones Exteriores*, 1881, p. 51.
3. *Memoria de Relaciones Exteriores*, 1881, p. 14 et 16.

détroit[1] par une ligne de démarcation territoriale qui l'aurait traversé un peu au nord-est de Punta-Arenas, et d'en garantir la libre navigation aux bâtiments de toutes les nations. Mais ils abandonnèrent bientôt ce projet pour porter leur attention sur d'autres analogues et, enfin, ils décidèrent de se partager la voie interocéanique en question, de la façon que nous venons de rappeler et de cesser d'y exercer quelques-uns des attributs de la souveraineté.

Les restrictions à l'exercice de la souveraineté que le Chili et la République Argentine s'obligèrent à subir dans le détroit de Magellan, furent établies par l'article cinq du traité du 24 juillet 1881, en ces termes : « Le détroit de Magellan demeure neutra-« lisé à perpétuité et sa libre navigation est assurée « aux pavillons de toutes les nations. Afin d'assu-« rer le respect de cette liberté et de cette neutra-« lité, il ne sera construit sur ses côtes, ni fortifi-« cations, ni ouvrages de défense militaire qui « puissent contrarier ce but ».

Telle est la lettre de l'engagement relatif au détroit de Magellan, que les Cabinets de Santiago et de Buenos-Ayres contractèrent. Voyons succincte-ment quelle est sa portée.

1. *Memoria de Relaciones Esteriores*, 1881, p. 50.
2. *Memoria de Relaciones Esteriores*, 1881, p. 49.

2. Les lignes principales de l'article V du traité du 28 juillet 1881

La formule que les gouvernements chilien et argentin employèrent pour créer une condition juridique conventionnelle au détroit de Magellan, contient trois idées principales, dont deux se référèrent aux eaux de cette route maritime et l'autre à ses rives. Elle déclare, d'abord, que ledit bras de mer est perpétuellement neutre ; ensuite, elle assure sa libre navigation à la marine de tous les États ; et, enfin, elle interdit aux Puissances riveraines de fortifier ses côtes.

En souscrivant ce texte, le Chili et la République Argentine s'obligèrent donc à ne jamais accomplir aucun acte d'hostilité dans le détroit de Magellan, à n'y gêner en rien la navigation et à ne créer ni forteresses, ni autres ouvrages de défense militaire sur ses bords [1].

La dernière de ces restrictions, qui s'étend implicitement [2] à l'un et à l'autre côté de la grande artère de ce canal, jusqu'à une distance égale à la portée *maxima* du canon et s'applique indubitable-

---

1. Comme, au moment de la signature du traité de 1881, il n'existait aucun ouvrage de défense militaire sur les côtes du détroit de Magellan, il résulte que ce canal doit rester complètement dépourvu de fortifications.

2. Code Civil chilien, article 1596.

ment aux arsenaux, est susceptible de faire naître de graves et de nombreuses difficultés, dont on ne saurait prévoir les conséquences. Car, s'il est vrai qu'elle ne porte que sur une partie insignifiante de la côte argentine et que, partant, elle ne puisse presque pas occasionner de désagréments à la République de la Plata; par contre, en temps de guerre, elle ouvre une portion considérable du territoire chilien à l'ennemi, qui pourrait l'occuper et en faire le centre de ses opérations stratégiques, elle laisse la ville de Punta Arenas, pour ainsi dire, sans défense, et elle met le Chili dans l'impossibilité matérielle de remplir ses devoirs de protection envers les navires des nations amies, qui seraient poursuivis ou attaqués dans le détroit et demanderaient son secours, autrement qu'au moyen du très petit nombre de bâtiments militaires qu'il maintient dans ses eaux australes.

Voilà les grandes lignes de la clause, appelée de *neutralisation du détroit de Magellan ou d'intérêt général*, que les deux Républiques de l'extrémité méridionale de l'Amérique insérèrent dans leur traité de délimitation territoriale. Recherchons maintenant jusqu'à quel point elle neutralise ce bras de mer et dans quelle mesure elle intéresse les Puissances étrangères, en commençant par examiner si elle est compatible avec le droit constitutionnel chilien et argentin.

CHAPITRE IV

LA CLAUSE DE NEUTRALISATION DU DÉTROIT DE MAGELLAN
ET LE DROIT CONSTITUTIONNEL CHILIEN ET ARGENTIN

Dans les deux chapitres qui précèdent, nous avons vu que le détroit de Magellan appartient entièrement au Chili et à la République Argentine et que l'article cinq du traité du 23 juillet 1881 déclare ce bras de mer perpétuellement neutre, en assure le transit aux bâtiments de tous les pavillons et défend que ses côtes soient fortifiées.

Or, ces diverses dispositions contractuelles sont-elles constitutionnelles ? Ou, en d'autres termes, les gouvernements chilien et argentin pouvaient-ils, en 1881, d'après les lois fondamentales en vigueur dans leur pays respectif, neutraliser une partie quelconque du territoire national ou s'obliger à ne pas y exercer tous les attributs de la souveraineté ?

Il y a là un problème de droit public interne des plus complexes, se référant à tous les États à gouvernement indirect, qu'il convient de résoudre afin de savoir si la clause de neutralisation du détroit de Magellan est complétement saine ou dépourvue de tout vice pouvant amener sa perte.

Le Chili et la République Argentine étaient, et sont encore, des pays à gouvernement populaire [1] et représentatif [2] où la souveraineté résidait dans la nation [3] qui en déléguait l'exercice aux autorités instituées par la Constitution [4]. Système qui, en droit constitutionnel [5], signifie que ces autorités n'avaient que la somme de pouvoir que le peuple leur avait conférée, c'est-à-dire qu'elles ne pouvaient faire que ce qui leur était commandé ou permis par la loi ou par la coutume.

De sorte que, pour décider si les gouvernements chilien et argentin avaient le droit de créer la neutralité du détroit de Magellan et les autres obligations contenues dans l'article cinq du traité du 23 juillet 1881, il faut savoir si la loi ou la coutume les autorisaient à contracter de tels engagements.

La coutume, qui, au Chili et dans la République de la Plata, n'avait de force légale [6] que lorsque la

---

1. Constitution du Chili, 1855, article 2.

2. Constitution de la République Argentine, article 1er.

3. Constitution du Chili, 1855, article 4.

4. Constitution de la République Argentine, article 22.

5. A. Esmein. *Éléments de Droit Constitutionnel*. (8ph, p. 52 à 171)

6. Code Civil chilien, article 2.

loi s'en rapportait à elle [1], était complétement muette sur ce point, parce que le droit écrit d'aucun de ces États ne s'était dessaisi, en sa faveur, du soin de régler les attributions des pouvoirs publics en matière de restrictions de l'exercice de la souveraineté sur le territoire national.

Mais, par contre, la loi contenait des renseignements décisifs au sujet de la question qui nous occupe.

En effet, l'alinéa premier et le numéro 14 de l'article 86 de la Constitution argentine donnaient au « Président de la nation » le droit de « négocier et « de signer les traités de paix, de commerce, de « navigation, d'alliance, de limites et de neutralité, « les concordats et les autres arrangements néces- « saires au maintien des bonnes relations avec les « Puissances étrangères », et les numéros 4 et 19 de l'article 67 de la même Charte accordaient au Congrès la faculté de « disposer de l'usage des « terres de propriété nationale » et « d'approuver « les traités ».

Du rapprochement de ces textes, il ressort qu'avec le consentement du corps législatif, le gouvernement argentin pouvait souscrire la clause de neutralisation du détroit de Magellan. Cet assentiment ayant été obtenu, on peut tenir pour établi

---

[1] Code Civil argentin, article 17, alinéa 9

que l'article cinq du traité du 23 juillet 1881 est constitutionnel dans la République Argentine.

Peut-on en dire autant à l'égard du Chili ? Nous ne le pensons pas.

Cependant, si on ne lisait que l'alinéa premier et le numéro 19 de l'article 82 de la Constitution chilienne de 1833 [1], qui autorisaient « le Président » de la République à conclure « tous les traités [1] de « paix, d'alliance, de trève, de neutralité et de com- « merce, les concordats et autres conventions », en lui enjoignant de les soumettre à l'approbation des Chambres avant de les ratifier, on pourrait croire que les mots : *tous les traités de neutralité et autres conventions*, qui s'y trouvaient, permettaient à ce haut magistrat de sanctionner la clause de neu- tralisation du détroit de Magellan. Mais en consul- tant l'esprit [3] de cette loi, on s'aperçoit qu'il n'en était pas ainsi. Car, la Constitution mentionnée, qui, sous la forme de désignation générale des fron- tières, prescrivit, assurément, dans son article pre-

<hr>

1. La Constitution de 1833 est encore en vigueur, mais, comme en 1888 on abrogea quelques uns de ses articles et on en publia une nouvelle édition officielle, elle est souvent citée sous cette dernière date.

2. Jorge Huneeus, *La Constitucion ante el Congreso*, Partie 1re, p. 116.

3. L'alinéa 2 de l'article 19 du Code civil chilien dit que « pour interpréter une expression obscure de la loi, on peut « recourir à son esprit, quand il est clairement manifeste dans « la même loi ou dans l'histoire de son établissement »

mier [1], au gouvernement d'occuper entièrement et de maintenir libre de toute charge le territoire compris entre le désert d'Atacama et le cap Horn, la Cordillère des Andes et l'Océan Pacifique, a indubitablement évité de prendre des dispositions permettant de contrevenir à cet ordre, et, en conséquence, en parlant de traités de neutralité, elle n'a certainement pas songé à la neutralité perpétuelle d'une portion quelconque de son pays, mais à la neutralité temporaire, c'est-à-dire à des conventions, semblables à celle que la France et les Deux-Siciles signèrent à Paris le 21 septembre 1805 [2], par lesquelles les États s'obligent quelquefois à rester à l'écart d'une guerre présente ou future [3] ou à ne pas étendre les hostilités, s'ils sont ou deviennent belligérants, à certains lieux déterminés ; les termes : *et autres conventions*, elle les a sans doute employés dans le sens de traités ne comportant aucune déchéance territoriale. Et d'ailleurs, juridiquement, on ne saurait interpréter autrement l'intention de la Charte politique du Chili en cette matière puisqu'aux termes de l'article 22 du Code Civil chilien, « le contexte d'une loi doit servir de guide pour

1. Jorge Huneeus. *La Constitución ante el Congreso*. Partie 1re, p. 141.
2. A. de Clercq, *Recueil des Traités de la France*, t. II, p. 114.
3. Th. Funck-Brentano et Albert Sorel, *Précis du Droit des Gens*, p. 152.

« expliquer chacune de ses parties, de manière
« qu'il y ait entre elles l'accord et l'harmonie con-
« venables ».

A ces arguments démontrant clairement que le
Cabinet de Santiago n'était pas autorisé à souscrire
la clause de neutralisation du détroit de Magellan,
on peut en ajouter un autre, d'une nature un peu
différente, mais non moins décisif, tiré de l'article trois de la Constitution dont nous nous occupons
qui établit que « La République du Chili est *une* et
indivisible » et ordonne, par suite, que tout le pays
soit régi par la même législation et administré d'une
manière uniforme. Or, l'article cinq du traité du
23 juillet 1881 détruit, en partie, l'unité proclamée
par le texte que nous venons de reproduire, parce
qu'il empêche que certaines lois fiscales ou relatives
à la défense nationale soient appliquées dans le
détroit de Magellan et sur ses côtes et s'oppose à ce
que l'autorité administrative y exécute des travaux
réputés stratégiques, lors même qu'ils répondraient
à des besoins purement politiques, commerciaux
ou industriels, comme par exemple la construction
d'établissements militaires destinés à réprimer les
mouvements séditieux qui pourraient encore y éclater ou à repousser les attaques éventuelles des
pirates.

Ainsi, de la loi fondamentale du Chili, il se dégage
que le gouvernement de Santiago ne pouvait pas

── 253 ──

sanctionner la clause de neutralisation du détroit
de Magellan parce qu'elle créait la neutralité perpétuelle du bras de mer de ce nom, comportait
quelques autres déchéances territoriales et portait
atteinte au principe d'unité nationale. Mais, avant
de tenir cette conclusion pour la véritable solution
de la question que nous examinons, nous avons à
réfuter une croyance, assez répandue, qui la tranche
implicitement dans le sens opposé.

On croit[1], en effet, que l'article cinq du traité du
23 juillet 1881 n'est pas restrictif de la souveraineté du Chili dans le détroit de Magellan et sur ses
rives, parce que cet État, dit-on, en est devenu
propriétaire en vertu d'une « transaction[2] » qui ne
les lui a livrés qu'à condition qu'il respecte les
charges qui y sont établies.

En d'autres termes, l'opinion que nous abordons
considère le traité du 23 juillet 1881 comme la
source de la souveraineté du Chili sur la partie de
la Magellanie, naguère disputée, qui lui appartient[3]
et estime, en conséquence, qu'en signant ce pacte,

1. Note du 14 juin 1881, adressée par le gouvernement
argentin à la Légation des États-Unis à Buenos-Ayres. *Memoria de Relaciones Exteriores*, 1881, p. 181.

2. Le mot *transaction* est indubitablement employé dans le
sens de *convention*, parce que la transaction dans son acception
étroite est *déclarative* et non *translative* de droits. — Artic.
des 856 du Code Civil argentin et 2460 du Code Civil chilien.

3. *Memoria de Relaciones Exteriores*, 1881, p. 44 à 46.

cette nation n'a pas restreint ses droits, mais qu'elle les a augmentés de la propriété, légèrement limitée, de la presque totalité du détroit de Magellan et de celle d'une portion considérable de la vaste contrée qu'il traverse.

Telle est la thèse qu'on soutient pour démontrer qu'aucun obstacle constitutionnel n'empêchait le Cabinet de Santiago de souscrire l'article cinq du traité du 23 juillet 1881. Elle repose entièrement sur l'idée que le gouvernement chilien reçut la propriété des côtes et des eaux du détroit de Magellan des mains du Cabinet de Buenos-Ayres. Partant, elle ne saurait avoir de valeur juridique que si cela est vrai.

L'est-il ? Non. Car, comme nous l'avons indiqué plus haut, à la suite de certaines difficultés qu'ils eurent à propos de la souveraineté du sud de la Patagonie et de la côte qui le relie au Pacifique, de l'archipel de la Terre de Feu et du détroit de Magellan, que chacun d'eux revendiquait en sa qualité de successeur des monarques castillans, le Chili et la République Argentine stipulèrent que leur frontière était celle qu'ils avaient lorsqu'ils se séparèrent de la mère-patrie, et puis ils s'engagèrent dans une longue controverse juridico-diplomatique afin de déterminer lequel d'entre eux était le propriétaire de la région litigieuse en 1810 : mais, n'ayant pu résoudre cette question, parce que, aux documents émanant de la couronne de Castille sur lesquels l'un d'eux s'appuyait pour établir que l'extrémité méridionale du Nouveau-Monde faisait partie de son territoire à la fin de l'ère coloniale, l'autre en opposait de semblables, de même provenance et d'égale force, dans le but de démontrer que ce pays se trouvait sous sa dépendance à l'époque mentionnée, ils déclarèrent qu'aucune portion de l'Amérique ayant appartenu à l'Espagne ne pouvait être considérée comme *res nullius*, essayèrent inutilement de s'entendre pour soumettre leur différend à la décision d'un tribunal mixte chargé de le trancher juridiquement en basant son jugement sur cette règle et sur la stipulation que nous venons de rappeler, et, ensuite, ils se partagèrent la Magellanie, de la même manière et au même titre que *Primus* et *Secundus*, fils légitimes d'un homme qui aurait fait le partage de ses biens[1] de son vivant[2], se seraient partagé un des immeubles de feu leur père qu'ils n'auraient pu décider auquel des deux il était destiné, comme les précédents[3] et les articles un, deux et trois, du traité du 23 juillet 1881 le témoignent, et chacun d'eux reçut, en conséquence, direc-

1. *Las siete partidas del Rey don Alfonso el Sabio* : Ley 7, titulo 1, partida 6 et Ley 9, titulo 5, partida 6.
2. Articles 1318 du Code Civil chilien et 3547 du Code Civil argentin.
3. Traité du 6 décembre 1878, article 5, *principium*.

tement du prédécesseur commun la part qui lui en fut attribuée, puisque, suivant plusieurs dispositions de l'ancienne législation espagnole, codifiées en 1889[1], qui, après avoir été constamment en vigueur dans les colonies des Indes Occidentales[2], ont continué à régir dans les Républiques sud-américaines et sont passées dans quelques unes des lois indigènes[?] promulguées par le gouvernement respectif de chacune de ces nations, l'effet de l'acceptation d'un héritage rétroagissait au jour de la mort de la personne dont on héritait[?] et que les Codes Civils chilien[?] et argentin[?] établissent que chaque cohéritier succède seul et immédiatement au *de cujus* à tous les effets compris dans son lot et est censé n'avoir jamais eu aucun droit sur les autres effets de la succession.

Mais on va certainement nous dire que le résultat auquel nous sommes arrivés est erroné, parce que les règles du droit interne d'un État ne sont pas applicables à l'interprétation des traités qu'il conclut, comme MM. Funck-Brentano et Sorel l'indi-

1. Code Civil espagnol, article 989.
2. *Recopilacion de Leyes de los Reynos de las Indias*, Libro II, Titulo 1, Ley II.
3. Code Civil chilien, article 1259 et Code Civil argentin, articles 3341 et 3344.
4. Joaquin Escriche, *Diccionario de Legislacion y de Jurisprudencia*, p. 59 et 708.
5. Code Civil chilien, article 1344.
6. Code Civil argentin, article 3503.

quent clairement à la page 124 de leur excellent
« Précis du Droit des Gens ». Et cette observation
serait parfaitement juste si les conventions internationales ne produisaient des effets qu'entre les
nations, mais, comme à l'exemple de celle dont
nous venons de parler, beaucoup d'entre elles en
produisent aussi en dedans des États signataires à
cause du devoir dans lequel chacun d'eux se trouve
de les mettre d'accord avec ses propres lois, elle
sera complètement déplacée, car, pour décider
quelle est la portée des effets de cette dernière catégorie à l'égard de l'une ou de l'autre des Puissances
contractantes, il faut nécessairement recourir à sa
législation particulière. Ainsi, pour savoir qu'un
traité par lequel la Turquie céderait une partie de
son territoire à la France amènerait l'obligation pour
le gouvernement français d'abolir l'esclavage sur les
terres cédées, on serait forcément tenu d'appliquer
la loi française à l'interprétation de ce pacte.

Maintenant que nous avons réfuté le seul argument sérieux dont on peut se servir pour contester
l'exactitude de notre conclusion, nous pouvons
affirmer que, du traité du 23 juillet 1881, et de ses
précédents, il se dégage que le Chili et la République Argentine se partagèrent la Magellanie en leur
qualité de successeurs des monarques espagnols et
que chacun d'eux en a reçu sa part directement de
la couronne de Castille. Pour s'arranger, ils parti-

rent des idées qu'aucune portion de l'Amérique ci-
devant espagnole ne pouvait être considérée comme
res nullius et que le territoire litigieux appartenait
à l'un ou à l'autre des deux par droit de succession;
et, par suite, ils se sont complètement abstenus
d'examiner si le gouvernement chilien n'était pas
propriétaire du détroit de Magellan et des terres
environnantes par droit du premier occupant, ou
si, en vertu d'anciens principes du droit des gens,
l'Espagne n'en était pas encore maîtresse en 1844
et ne les lui céda pas implicitement, le 25 avril de
cette année, en signant le traité qui reconnaît son
indépendance. Nous non plus, nous ne nous occupe-
rons pas de ces intéressantes questions, parce que
nous n'avons pas besoin de les résoudre pour être
fixés sur les points que nous désirons mettre en
lumière, comme on va le voir à l'instant, car, que
le Chili soit maître des côtes et des eaux du détroit
de Magellan à titre de successeur des monarques
espagnols, de premier occupant ou de cession-
naire de la mère patrie, il est certain que ce n'est
pas la République Argentine qui l'en a rendu souverain et, en conséquence, que le traité du 23
juillet 1881 est déclaratif et non translatif de
droits.

Or, de ce que le traité mentionné soit déclaratif,
il résulte que la clause de neutralisation du détroit
de Magellan a restreint la souveraineté du Chili et,

partant, qu'elle est inconstitutionnelle envers cet État ou, autrement dit, que le Cabinet de Santiago n'était pas autorisé à la signer. Pour que, d'après la Constitution de 1833, le gouvernement chilien pût souscrire ce texte, ou pour qu'il pût neutraliser à perpétuité une partie quelconque du territoire national, s'obliger à ne pas y construire des fortifications, ou renoncer à y exercer quelque attribut de la souveraineté, il lui fallait indubitablement le concours du Pouvoir Constituant.

Étant inconstitutionnelle à l'égard du Chili, la clause de neutralisation du détroit de Magellan a un vice de fond considérable dont cet État est certainement en droit de tirer argument pour demander à la Plata qu'une nation étrangère, constituée en arbitre, la déclare nulle; et sa demande ne saurait juridiquement être repoussée, puisque la solution de toutes les difficultés susceptibles de se produire entre lui et la République Argentine, au sujet de l'arrangement contenu dans le traité du 23 juillet 1881, doit être confiée à une Puissance amie, et que les diverses dispositions de cette convention ne forment pas, d'après son article six, *in fine*, un bloc uni et inséparable.

CHAPITRE V

LA CLAUSE DE NEUTRALISATION DU DÉTROIT DE MAGELLAN AU POINT DE VUE DES RAPPORTS ENTRE LE CHILI ET LA PLATA.

1 De la force obligatoire de la clause de neutralisation du détroit de Magellan

Quoique la clause de neutralisation du détroit de Magellan soit inconstitutionnelle à l'égard du Chili et puisse être frappée de nullité à cause de cela, elle est cependant obligatoire et elle continuera à l'être tant que cet événement n'arrivera pas, parce qu'elle fait partie d'un traité qui a été conclu par les dépositaires de la souveraineté externe et revêtu de toutes les formalités légales, et n'est pas, en conséquence, inexistante.

Elle lie donc les Puissances contractantes et, partant, elle relève du droit des gens quant aux règles d'interprétation[1] qui doivent servir à déterminer

1. Andrés Bello, *Derecho Internacional*, p. 175 et suivantes.

les effets internationaux qu'elle produit et aux causes qui obligent à l'observer[1]. Éléments que, comme nous le verrons bientôt, sa rédaction vague et l'absence presque complète de moyens physiques, propres à assurer le respect de ses dispositions, lui rendent indispensables.

Ainsi, nous venons de voir que la clause de neutralisation du détroit de Magellan est obligatoire pour le Chili et pour la République Argentine. Voyons maintenant à quoi elle les oblige. Pour nous rendre compte de cela, et pour savoir en même temps jusqu'à quel point elle neutralise la voie maritime mentionnée, nous allons examiner séparément chacun des engagements partiels qu'elle contient.

2. De la neutralité du détroit de Magellan

a) *Les traits principaux de la neutralité du détroit de Magellan*. — Comme nous l'avons remarqué plus haut, la clause de neutralisation du détroit de Magellan se décompose en trois stipulations différentes : la neutralité perpétuelle de ce canal, sa libre navigation pour les pavillons de tous les États et l'interdiction de construire des ouvrages de défense

1. Louis Renault. *Introduction à l'étude du Droit International*, p. 19

militaire sur ses côtes. De ces diverses dispositions, la première, ainsi formulée : *Le détroit de Magellan demeure neutralisé à perpétuité*, est la plus intéressante au point de vue international. Partant, c'est aussi celle dont il importe le plus de déterminer la portée. Mais on ne peut le faire qu'en s'aidant beaucoup du raisonnement, parce que les termes laconiques et peu précis par lesquels elle est établie, la rendent impossible à définir, et qu'on ne trouve, pour ainsi dire, aucun renseignement au sujet de son économie, pas même dans les dépêches télégraphiques que les Légations des États-Unis d'Amérique, à Santiago et à Buenos-Ayres, échangèrent à l'occasion de la confection du traité du 23 juillet 1881.

De cette correspondance, dont le fond se compose de notes que les Chancelleries chilienne et argentine se communiquèrent indirectement, il se dégage, cependant, que la Plata tint absolument à insérer dans la clause de neutralisation du détroit de Magellan la prohibition de fortifier les bords de ce bras de mer [1] « afin », disait-elle, « de garantir « au monde entier que ses eaux seront neutres et « libres au commerce de tous les pays » [2], et que le Chili, qui considérait cette restriction comme une

---

1. *Memoria de Relaciones Esteriores*, 1881, p. 148.
2. *Memoria de Relaciones Esteriores*, 1881, p. 154.

atteinte à sa souveraineté, lui objectait qu'il n'était pas nécessaire de l'établir pour atteindre ledit but [1]. Controverse qui indique que la neutralité du détroit de Magellan a été contractée dans l'intérêt de tous les États maritimes.

Des documents diplomatiques que nous examinons, il ressort aussi que la clause ci-dessus nommée a été presque entièrement prise dans les articles 11 et 13 du traité de Paris du 30 mars 1856 [2]. Or, comme cette circonstance peut faire croire que les gouvernements chilien et argentin ont appliqué à la route interocéanique qui nous occupe les règles que les grandes Puissances européennes adoptèrent pour neutraliser la mer Noire, il est bon de dire que cela n'a pas été fait, car la neutralité du Pont-Euxin interdisait l'accès de cette mer à presque tous les bâtiments de guerre et elle était garantie par plusieurs États non riverains, et celle du détroit de Magellan n'exclut dudit canal aucun de ces vaisseaux et elle n'a pour protecteurs que les deux souverains côtiers.

Et des deux différences qui séparent si nettement la neutralité de la mer Noire et celle du détroit de Magellan, on peut tirer argument pour soutenir qu'en souscrivant l'article cinq du traité du 23 juillet

1. *Memoria de Relaciones Esteriores*, 1881, p. 158
2. *El Araucano* du 14 juillet 1856.

1881, le Chili et la République Argentine établirent que le canal en question participerait indéfiniment de la condition juridique à laquelle est soumise, en temps de guerre, la mer territoriale des Etats qui se tiennent à l'écart des hostilités, parce qu'elles constituent autant de ressemblances entre la dernière de ces institutions du droit international conventionnel et la neutralité ordinaire des eaux côtières des pays en paix. Opinion, d'ailleurs, qui, logiquement, est parfaitement défendable, car de ce que les Cabinets de Santiago et de Buenos-Ayres aient déclaré l'existence d'une neutralité perpétuelle sans juger nécessaire d'en déterminer les particularités, il se dégage qu'ils s'en sont rapportés aux règles qui se trouvent dans le droit commun sur cette matière ; mais, juridiquement, elle n'est point soutenable, puisque, pour protéger la neutralité de leur mer riveraine, les Puissances maritimes ont la faculté d'armer et de fortifier leurs côtes comme bon leur semble, tandis que, dans l'intérêt du respect de celle du détroit de Magellan, les gouvernements chilien et argentin sont tenus de ne construire aucun ouvrage de défense militaire sur les bords de ce canal.

La neutralité du détroit de Magellan se distingue donc de celle qui a convert le Pont-Euxin pendant la période comprise entre le 30 mars 1856 et le 13 du même mois 1871 et de la condition juridique à laquelle est soumise, en temps de guerre, la mer côtière des États non belligérants. Elle a, du reste, une physionomie particulière dont les traits principaux permettent de croire qu'elle est défectueuse ou incomplète ; car, des faits que nous avons constatés en parlant de ses précédents et en la comparant avec quelques institutions de son espèce, il ressort qu'elle a été établie dans l'intérêt universel, qu'elle n'interdit l'accès du canal sur lequel elle porte à aucun bâtiment de guerre, qu'elle n'est obligatoire pour aucune Puissance étrangère, et qu'elle n'est protégée que par le besoin dans lequel les deux souverains territoriaux se trouvent de faire honneur à l'engagement qu'ils ont contracté de la respecter.

Or, de là résulte-t-il que le détroit de Magellan soit perpétuellement neutre ? Non, parce que, comme nous allons le voir bientôt, il n'y a pas les éléments nécessaires à la constitution et au fonctionnement d'une neutralité perpétuelle.

b) *Le détroit de Magellan n'est pas neutralisé à perpétuité.* — Pour qu'une contrée quelconque puisse être considérée comme perpétuellement neutre, il doit être à peu près certain qu'il n'y sera jamais exécuté d'actes d'hostilité.

Aussi la neutralité perpétuelle est-elle une question de fait en même temps qu'un lien contractuel entre plusieurs Puissances. Pour qu'elle se forme et subsiste, il faut : d'abord, un État ou une partie de son territoire, une mer ou une portion de ses eaux, dont la faiblesse naturelle, la situation géographique ou l'importance commerciale ou stratégique puissent susciter de graves difficultés internationales, qui en soit l'objet ; ensuite, un groupe de Puissances étrangères qui s'engagent réciproquement et vis-à-vis du souverain territorial ou riverain, suivant le cas, au moins, à ne pas y troubler la paix ; et enfin, une force coercitive capable de faire respecter cet engagement.

Lorsque la région neutralisée à perpétuité est un État, il ne peut faire la guerre que pour repousser une invasion ; mais il doit prendre toutes les mesures propres à assurer la défense de son territoire[1], qui ne lui sont pas expressément interdites. Cependant, quand il est trop faible pour pouvoir opposer, par lui-même, une résistance sérieuse, comme par exemple le Grand-Duché de Luxembourg, il n'a pas à maintenir d'armée, et on a l'habitude de lui enjoindre de démolir et de ne pas reconstruire ses forteresses, parce que, si ses ennemis y pénétraient, on aurait trop de mal pour les en déloger.

Les Puissances étrangères s'obligent simplement à respecter, ou à respecter et à faire respecter la

1. Payen, *Annales de l'École libre des Sciences Politiques*, 1896, p. 663.

neutralité perpétuelle qu'elles établissent. Dans ce dernier cas, elles s'en portent garantes et, en consé- quence, elles sont tenues de sévir, même par les armes, contre tout État qui la violerait[1]. Mais on n'est pas complètement d'accord sur la question de savoir comment elles doivent procéder. Car, comme l'article deux du traité de Londres du 11 mai 1867[2], porte que le « principe » de la neutralité du Luxem- bourg « est et demeure placé sous la garantie col- « lective des puissances signataires ». Lord Stanley eut à s'expliquer sur le sens qu'il attribuait à cette garantie et, dans un discours qu'il prononça à la Chambre des Communes, le 14 juin 1871, il dit qu'elle n'obligeait les États garants à agir qu'au moyen d'une action commune, parce qu'elle n'était que collective[3]; ce qui signifiait qu'elle devait rester sans force toutes les fois que les mesures coerciti- ves qu'on se serait proposé d'exercer auraient été diri- gées contre l'un d'eux, ou n'auraient pas été approu- vées à l'unanimité; mais le gouvernement britanni- que a déclaré, postérieurement, devant le Parlement, que chacune des Puissances, à l'exception de la Belgi-

1. Th. Funck-Brentano et Albert Sorel, *Précis du Droit des Gens*, p. 554.

2. A. de Clercq, *Recueil des Traités de la France*, t. IX, p. 710.

3. Louis Renault, Leçon du 15 mai 1898.

4. Th. Funck-Brentano et Albert Sorel, *Précis du Droit des Gens*, p. 556.

que, qui ont souscrit la neutralité du Grand-Duché de Luxembourg, avait le droit de la défendre isolément, sans qu'aucune d'elles fût dans l'obligation de le faire [1]. Et, d'après le Conseil d'État luxembourgeois et un nombre considérable d'auteurs, la garantie collective ne diffère de la garantie pure et simple, qui oblige tous les États garants à agir en commun et chacun d'eux à procéder en particulier, en lui laissant le choix des moyens à employer [2], qu'en ce qu'elle n'impose pas à ces Puissances l'obligation d'agir isolément et les met dans la nécessité de se réunir en conférence pour aviser ensemble, et à la majorité, aux mesures à prendre pour faire respecter la neutralité à laquelle elle se réfère [3]. Dans la pratique, il est difficile de prévoir ce qu'on fera, cependant, de la dernière guerre franco-allemande, il se dégage que l'opinion du gouvernement anglais a plus de chances que l'autre d'être suivie, car, par une dépêche du 3 décembre 1870, M. de Bismarck déclara qu'il ne tiendrait aucun compte de la neutralité du Grand-Duché de Luxembourg, dans le cas où ce pays manquerait, envers la Confédération de l'Allemagne du Nord, aux devoirs qui incombent

1. *Historia Universal de Oncken*, t. XII. *Historia del segundo imperio francés*, p. 185.

2. Th. Funck-Brentano et Albert Sorel. *Précis du Droit des Gens*, p. 554 et 557.

3. Ch. Calvo. *Le Droit International théorique et pratique*, t. IV, n° 3011.

aux États neutres, sans qu'aucune des Puissances signataires du traité du 11 mai 1867, sauf l'Autriche [1], protestât ou demandât à examiner, en conférence avec ses cocontractantes, jusqu'à quel point les griefs qui auraient pu amener la réalisation de cette menace étaient fondés.

La force coercitive consiste dans le danger qu'il y a, pour chacun des gouvernements contractants de la neutralité, d'être traité en ennemi, par ses coobligés à la respecter, s'il contrevient à l'engagement qu'il a pris à leur égard; et dans une action militaire, pouvant être exercée contre l'État qui violerait l'institution mentionnée : par le pays neutralisé, par une ou par plusieurs des Puissances signataires du texte de neutralisation, ou résulter des mesures prises par les états-majors de la première et d'un nombre plus ou moins grand des secondes de ces nations. Elle est, en conséquence, d'autant plus considérable que le groupe d'États liés par le pacte de neutralité est important.

Les éléments de la neutralité perpétuelle sont donc au nombre de trois, et tous lui sont également nécessaire. Le premier et le second, d'après l'ordre que nous avons suivi pour les énumérer, la créent, en lui fournissant : l'un, la matière, et l'autre, en

1. Bluntschli, *Le Droit International codifié*, art. 745, v. a. p. 408.

quelque sorte, l'esprit, et lui conservent la vie pour qu'elle produise ses effets lorsqu'il survient une guerre; et le troisième assure son fonctionnement et défend son existence, car, par l'accomplissement de ce fait, elle se trouve en face de deux ou plus d'États belligérants, dont l'un ou l'autre a presque toujours intérêt à la violer ou à la détruire afin de favoriser le triomphe de ses armes ou de se rendre maître de la contrée qui en fait l'objet, et ne la respecte que parce qu'il craint d'augmenter le nombre de ses ennemis ou y est contraint par une force militaire, comme, d'ailleurs l'Angleterre l'a très bien compris, puisque, le 11 août 1870, elle conclut deux traités, l'un avec la France[1] et l'autre avec la Prusse, par lesquels elle déclarait que, dans le cas où l'une de ces deux Puissances violerait la neutralité ou l'indépendance de la Belgique, elle agirait, au moyen de ses armées de terre et de mer, de concert avec l'autre pour en assurer le respect[2].

Le concours de chacun des trois facteurs, dont nous venons de parler, étant indispensable pour que la neutralité perpétuelle se forme et puisse remplir son rôle, ou ne périsse pas au moment où elle pourrait rendre quelque service, les gouverne-

1. A. de Clercq, *Recueil des Traités de la France*, t. X, p. 577.
2. Louis Renault, Leçon du 11 mai 1896.

ments chilien ou argentin ne sauraient, de leur propre volonté[1] et par un simple traité, avoir neutralisé le détroit de Magellan. Pour que la neutralité perpétuelle de ce bras de mer eût été réellement établie, il aurait fallu que plusieurs Puissances étrangères l'eussent souscrite de concert avec les États riverains, et qu'il se fût constitué une force coercitive capable de la faire respecter.

c) *Signification de la formule qui déclare le détroit de Magellan perpétuellement neutre.* — De ce que la première partie de l'article cinq du traité du 23 juillet 1881 ait été impuissante pour neutraliser à perpétuité le détroit de Magellan, il ne s'ensuit pas qu'elle soit nulle ou sans importance, parce que l'impossibilité de créer l'institution dont elle parle ne lui enlève pas sa qualité de clause d'un pacte en vigueur entre les Puissances contractantes et, partant, obligatoire en tout ce qu'il contient et peut être exécuté.

Cette formule a donc pu, à l'exemple de tous les contrats dont la lettre se trouve en contradiction avec l'esprit, ne pas produire l'effet qu'elle énonce et établir quelque chose de valable. Et, d'ailleurs, c'est vraisemblablement dans ce but que les gou-

1. Antoine S. de Bustamante, *Revue de Droit International et de Législation comparée*, t. XXVII, p. 255.

vernements chilien et argentin l'ont souscrite; car, comme ils savaient qu'ils ne pouvaient pas, par eux-mêmes, neutraliser à perpétuité le bras de mer en question, il est certain qu'ils n'ont pas employé les termes du texte qui nous occupe dans leur acception propre, mais dans un sens particulier, ou restreint, ne dépassant pas les limites de leur souveraineté et susceptible de donner un résultat utile.

Or, en déclarant que *le détroit de Magellan demeurait neutralisé à perpétuité*, le Chili et la République Argentine n'ont voulu rendre ce canal neutre que pour eux, c'est-à-dire qu'ils se sont obligés réciproquement à ne jamais y exécuter d'actes d'hostilité, comme, d'ailleurs, ils l'ont donné à entendre en ne stipulant pas de porter leur accord à la connaissance des Puissances étrangères et de les inviter à y accéder, car, s'ils avaient eu l'intention de neutraliser à perpétuité le canal mentionné, ils n'auraient pas négligé de s'engager à faire ces démarches.

La clause de neutralisation du détroit de Magellan, ou ce qu'on appelle *la neutralité du détroit de Magellan*, ne rend donc cette route interocéanique perpétuellement neutre qu'en ce sens que les deux États riverains ne peuvent y exécuter aucun acte d'hostilité. Cela est important à noter, parce que, si ledit canal était réellement neutre, chacun des gouvernements chilien et argentin serait tenu, quand il serait belligérant de ne fournir à ses propres bâtiments de guerre, dans la partie de ce bras de mer qui lui appartient, que la quantité de vivres et de charbon strictement nécessaire pour arriver au port le plus proche et d'y respecter la règle des vingt-quatre heures envers les navires ennemis, tandis que l'obligation de ne pas troubler la paix dans cette voie maritime ne lui impose aucune de ces restrictions.

d) *Portée de l'obligation de ne pas exécuter d'actes d'hostilité dans le détroit de Magellan.* — Maintenant que nous savons que le Chili et la République Argentine se sont obligés à ne pas exécuter d'actes d'hostilité dans le détroit de Magellan, nous allons déterminer la portée de cette obligation, en examinant : d'abord, si elle se réfère à toutes les eaux de ce bras de mer et aux canaux latéraux qui s'en dégagent ; et, ensuite, à l'égard de quels Etats elle doit être observée. Mais, comme la première de ces deux questions se résout, théoriquement, de la même façon qu'une autre, à laquelle elle se rattache, consistant à savoir si, par *détroit de Magellan*, il faut entendre : le canal qui fait communiquer les deux Océans et toutes ses ramifications, le grand bras de mer et les baies et les golfes qu'il forme à l'intérieur des terres, ou seulement l'artère principale, nous

commencerons par nous occuper de celle-ci, bien
que nous ne puissions qu'en indiquer la solution
probable, parce que les géographes n'ont pas encore
défini ce point avec précision

Or, le mot *détroit* désigne une *unité* d'eau de mer
resserrée entre les terres, dont la forme peut varier
à l'infini. Un détroit se compose, par conséquent,
de toutes les eaux qui forment cette unité, mais pas
d'autres. Et de ce principe, il ressort que le détroit
de Magellan comprend : le bras de mer interocéanique et les baies et les golfes intérieurs, et qu'il
ne comprend pas les canaux latéraux. Car, en regardant les faits, on s'aperçoit que ce sont les eaux
mêmes de la voie de communication entre l'Atlantique et le Pacifique qui forment les baies et les
golfes intérieurs ; et qu'au contraire, c'est l'eau de
l'Océan qui alimente les canaux latéraux, de la même
manière que l'artère principale. Mais nous ne saurions assurer que la conclusion à laquelle nous
sommes arrivés soit admise dans la pratique, parce
que, le gouvernement chilien, prié, par une grande
Société fermière de la Terre du Feu, de déclarer si,
en employant dans les documents publics l'expression : détroit de Magellan, il se référait simplement
au canal interocéanique, ou à celui-ci et aux baies
et aux golfes auxquels il donne accès,¹ réserva son

1. Décret du 21 janvier 1899, *El Ferrocarril* du 27 du même
mois.

opinion en répondant qu'il ne se croyait pas autorisé à résoudre des questions de cette espèce.

Le détroit de Magellan se composant de l'artère principale et des baies et des golfes qu'elle forme, l'obligation de ne pas y exécuter d'actes d'hostilité se réfère, en théorie, à toutes ses eaux. Mais, en fait, il est à peu près certain que le Chili et la République Argentine ne se sont obligés à *ne jamais troubler la paix* que dans le canal de communication entre l'Atlantique et le Pacifique; et, par suite, qu'ils n'ont rien innové à l'égard des baies et des golfes intérieurs qui, en conséquence, auraient continué à être régis par le droit commun. La raison qui nous fait croire cela se dégage du but que les Puissances contractantes voulaient atteindre en souscrivant la formule qui déclare le détroit de Magellan perpétuellement neutre; car, le mobile qui les guidait était, comme nous l'avons indiqué plus haut, d'assurer à leurs navires et à ceux de toutes les autres nations que jamais aucun fait de guerre ne les empêcherait de passer par ce bras de mer pour se rendre de l'un à l'autre Océan. Or, comme le transit se fait exclusivement par le canal interocéanique, il résulte que le texte mentionné n'avait pas besoin d'être appliqué aux baies et aux golfes intérieurs pour obtenir le résultat recherché et, partant, qu'il n'a pas dû les viser.

Quant aux canaux latéraux, il suffit qu'on les ait

passés sous silence pour qu'ils n'aient pas été soumis au régime conventionnel, parce que les gouvernements chilien et argentin ne pouvaient, après les avoir considérés comme indépendants du bras principal, dans les articles six, du traité du 6 décembre 1878, et premier,¹ du pacte de *statu quo* du 4 juin 1879, où il est dit que « *le détroit de Magellan et les* « *canaux adjacents*¹ resteront sous la domination du « Chili », en modifier la condition juridique sans le déclarer expressément.

Ainsi, on peut donc dire que l'engagement de ne pas exécuter d'actes d'hostilité dans le détroit de Magellan ne se réfère qu'au canal qui fait communiquer l'Atlantique et le Pacifique. Mais, si, au point de vue des eaux qui en font l'objet, il est d'une étendue tout à fait restreinte, par contre, en ce qui concerne les nations à l'égard desquelles il est obligatoire, il a la portée la plus large qu'il soit possible d'imaginer. Car, comme nous avons eu l'occasion de l'indiquer en deux circonstances différentes, le Chili et la République Argentine ont contracté cette obligation : vis-à-vis d'eux-mêmes et envers tous les États maritimes. Or, quoiqu'en ce qu'ils se réfèrent aux Puissances étrangères, ils n'aient fait qu'une promesse en faveur d'autrui, l'un d'eux ne saurait, cependant, sévir, dans le bras de mer en

1. C'est nous qui soulignons

question, contre la marine marchande ou de guerre d'aucun pays, sans manquer gravement à la foi donnée à l'autre et l'autoriser, en conséquence, à lui demander de réparer le mal qu'il ferait, lors même que l'action serait parfaitement légitime au regard des navires qui en souffriraient. Ainsi, par exemple, si le Chili, étant en guerre avec le Pérou, capturait un vaisseau péruvien, dans l'artère du détroit de Magellan, le gouvernement argentin aurait, en vertu de la stipulation qui nous occupe, le droit d'exiger que la prise soit relâchée, quand même elle serait régulièrement faite à l'égard de son propriétaire. Mais celui-ci ne saurait se prévaloir de ce texte pour se présenter devant le tribunal des prises chilien[1], afin de réclamer la restitution de sa propriété, ni pour prétendre que la République Argentine agisse en son lieu et place. Il se trouverait, en conséquence, dans une situation tout à fait opposée à celle qu'il aurait si son bateau était capturé dans la mer côtière[2] d'une Puissance neutre[3] ; car, dans ce cas, il pourrait, d'après l'éminent professeur de

1. Les prises sont jugées au Chili : en première instance, par un conseiller de la Cour Suprême ; et en appel, par cette Cour. Ley de Organización y Atribuciones de los Tribunales du 15 octobre 1875, art. 105 et 117.

2. A. de Pistoye et Ch. Duverdy, *Traité des Prises Maritimes*, t. II, p. 106.

3. Henry Wheaton, *Éléments du Droit International*, t. II, p. 86 à 89.

droit des gens à la Faculté de Paris, M. Louis Renault, opposer l'exception d'illégalité de la capture devant le Conseil des prises du capteur[1], et l'État, dans les eaux duquel elle se ferait, serait tenu d'en demander la nullité.

L'obligation de ne pas exécuter d'actes d'hostilité dans le détroit de Magellan ayant été contractée dans l'intérêt de toutes les Puissances maritimes, il semble qu'elle ne laisse aux gouvernements chilien et argentin le droit d'y sévir contre aucun bâtiment. Elle ne s'oppose pourtant pas à ce que, le cas échéant, ils fassent, chacun dans la partie de ce canal dont il est souverain, la chasse aux navires des pirates, parce que ces bateaux sont réputés *être sans nationalité* et avoir à leur bord des bandits, et non des adversaires, que toute nation civilisée a le devoir de chercher à anéantir[2] dans l'intérêt de la sécurité de la navigation des mers. Elle ne leur interdit pas non plus d'y poursuivre ceux de leurs vaisseaux insurgés qui ne seraient pas au service d'un parti politique reconnu comme belligérant par celui des deux États contractants auquel il n'appartiendrait pas, parce que cette opération n'aurait pas le caractère d'un *acte d'hostilité*, mais d'une simple mesure de répression ; et, d'ailleurs, c'est vraisem-

1. Louis Renault. Leçon du 10 décembre 1895.
2. Bluntschli, *Le Droit International codifié*, art. 345, t. 1, p. 911.

blablement ainsi que le Chili et la République Argentine l'entendent, car, au cours de la révolution qui éclata dans la première de ces Puissances, au commencement de 1891, le gouverneur de Magellan bombarda deux bâtiments rebelles, qui s'étaient arrêtés à Punta Arenas dans le but de décider ce fonctionnaire à embrasser leur cause, et s'en empara, sans que ces faits d'armes aient donné lieu à aucune protestation de la part du Cabinet de Buenos-Ayres.

3. De la libre navigation du détroit de Magellan

Après s'être obligés à n'exécuter aucun acte d'hostilité dans le détroit de Magellan, les gouvernements chilien et argentin *assurèrent la libre navigation de ce bras de mer aux pavillons de toutes les nations*, sans faire connaître la signification qu'ils attribuaient à cette nouvelle disposition, bien qu'à cause de sa rédaction, trop concise et un peu vague, on puisse la qualifier de superflue ou d'inutile. En effet, si, à la circonstance que ledit canal est, en vertu des principes généraux du droit international, ouvert aux bâtiments de tous les pays, on ajoute l'obligation de ne jamais y troubler la paix que les Cabinets de Santiago et de Buenos-Ayres avaient contractée, on a de bonnes raisons pour soutenir que sa libre navigation n'avait pas besoin d'être proclamée pour exister et, en conséquence, que la déclaration qui nous occupe est sans objet. Mais, comme on n'ose pas supposer que des nations traitent pour ne rien établir, ou afin de confirmer l'existence d'un droit en vigueur vis-à-vis de tous les États, on se demande quel peut être le résultat que le Chili et la République Argentine ont obtenu en souscrivant la formule qui pose le principe de la libre navigation du détroit de Magellan. Or, par cette clause, ces deux pays se sont obligés à ne soumettre, dans le bras de mer mentionné, les navires d'aucune Puissance au payement de taxes de transit : pas même au versement de ces droits qui pourraient être considérés comme une juste rémunération des dépenses d'éclairage, de balisage, de pose et d'entretien de bouées et d'amers faites, dans l'intérêt général de la navigation, sur les côtes et dans les eaux de la route interocéanique en question, parce que, ces impositions étant, d'après le traité de Copenhague, du 14 mars 1857, pour l'abolition, par voie de rachat, des péages du Sund et des Belts, les seules qui puissent être perçues, ils auraient conclu un accord sans but, s'ils n'avaient pas renoncé à les exiger.

À l'appui de cette raison, propre à démontrer que les gouvernements chilien et argentin employèrent le mot *libre* dans le sens d'*exemption de toute contri-*

bution, on peut citer l'article 26 de la Constitution politique de la Plata, qui déclare les fleuves et les rivières nationaux ouverts et francs à la navigation de tous les pavillons, parce qu'il est fort probable que cet État a toujours songé à appliquer au bras de mer, dont il a cru, pendant longtemps, être le seul souverain, le principe de liberté qu'il observait à l'égard des voies navigables, d'eau douce, qui coulent sur son territoire, et, par suite, qu'il se soit employé à établir que l'accès ne puisse en être entravé par le prélèvement de taxes quelconques de transit, lorsqu'en 1881, il en devenait copropriétaire.

Et, à ces deux arguments, déterminant la portée du texte qui proclame la liberté du détroit de Magellan, on pourrait en ajouter un autre, tiré de la pratique, puisque le Chili, quoique par une note du 26 octobre 1873[1], qu'il communiqua à plusieurs Puissances étrangères, par l'intermédiaire de leurs Légations à Santiago, pour les informer que le litige qu'il soutenait avec la République Argentine, allait vraisemblablement se résoudre bientôt au moyen de l'arbitrage, et que, dans le cas où le canal disputé lui écherrait, il avait l'intention de n'y gêner la navigation par la perception d'aucun péage, il se soit réservé la faculté d'y prélever les droits stric-

---

1. *Memoria de Relaciones Esteriores*, 1874, p. 285.

lement nécessaires pour y entretenir des phares et une garde exclusivement destinée à veiller à la sécurité des navigateurs, sans qu'aucune d'elles ait protesté, en fait, il n'y a jamais perçu le moindre impôt. Mais, comme on semble croire[1] que ce procédé tout à fait libéral soit plutôt la continuation d'un désintéressement spontané que l'exécution de la partie de l'article cinq du traité du 23 juillet 1881 que nous analysons, nous ne l'invoquons pas. En conséquence, nous ne nous appuyons, pour le moment, que sur ce que nous avons dit antérieurement, pour affirmer qu'en souscrivant cette clause, les gouvernements chilien et argentin se sont obligés à maintenir le détroit de Magellan libre de droits de transit pour les bâtiments de toutes les nations; mais nous devons remarquer que, pour la même raison que nous avons donnée en parlant de l'obligation de ne pas y exécuter d'actes d'hostilité, ici aussi, ils ne se sont référés qu'à l'artère de ce bras de mer, et que, relativement aux Puissances étrangères, ils n'ont fait qu'une simple promesse en faveur d'autrui, qui ne saurait produire d'autres effets que d'autoriser chacun des États contractants à s'opposer à ce que son cosignataire y établisse des péages et à réclamer la restitution des taxes qu'il n'arriverait pas à empêcher qui y soient perçues.

1. *Memoria del gobernador de Magallanes*, 1897, t. I, p. 504 et 505.

4. De l'interdiction de fortifier les côtes du détroit de Magellan

Afin d'assurer le respect de la neutralité et de la liberté du détroit de Magellan, ont dit les gouvernements chilien et argentin, dans le dernier alinéa de l'article cinq du traité du 23 juillet 1881, *il ne sera construit sur ses côtes ni fortifications, ni autres ouvrages de défense militaire qui puissent contrarier ce but.*

Comme on le voit, cette restriction a été établie dans l'intérêt du respect de la neutralité et de la liberté du détroit de Magellan. Or, de là, il se dégage que la façon dont nous avons interprété les deux premières parties du texte ci-dessus mentionné est la bonne, puisque, en contractant l'obligation de ne pas fortifier les bords du canal en question, le Chili et la République Argentine s'interdirent l'usage du seul moyen, pour ainsi dire, qui leur eût permis de protéger la neutralité perpétuelle de cette voie maritime et d'empêcher que l'un ou l'autre des belligérants n'en gênât, en temps de guerre, l'accès aux vaisseaux ennemis, tandis que, par contre, ils se fournirent la garantie la plus efficace qu'ils puissent se donner de ne jamais y exécuter d'actes d'hostilité et de ne pas y prélever des droits de transit, parce que la mesure la plus propre à assurer qu'ils n'y troubleraient pas la paix était, certainement, de renoncer à l'armer et la meilleure manière de le maintenir libre de péages consistait, sans doute, à en éloigner la force militaire susceptible de contraindre, en cas de résistance, les navires étrangers à les verser.

De ce que la restriction qui nous occupe a été contractée dans le but d'assurer le respect de la neutralité et de la liberté du détroit de Magellan, il résulte, en outre, qu'elle ne vise que les côtes de l'artère de ce bras de mer ; car, lesdites neutralité, ou ce qu'on appelle ainsi, et liberté, ne se référant pas aux canaux latéraux, aux baies et aux golfes intérieurs, il n'y a pas de motif pour que cette interdiction s'étende à leurs rives ni, en conséquence, pour croire que le gouvernement chilien n'y ait pas conservé la plénitude de sa souveraineté.

Et de la circonstance que la prohibition de construire des fortifications sur les bords du détroit de Magellan porte sur une portion considérable de territoire chilien et qu'elle ne se réfère qu'à une partie insignifiante de la côte argentine, comme nous l'avons remarqué plus haut, il ressort, enfin, qu'elle constitue une servitude de ne pas fortifier, grevant le Chili au profit de la Plata pour niveler la condition des flottes des deux pays, dans le cas où une guerre éclaterait entre eux, en ce qui concerne l'exercice de leur puissance offensive. Car, le premier de ces États, étant maître de presque tout ce

canal, pourrait le fermer facilement à la marine
militaire du second et l'obliger, de la sorte, à faire
le tour par le cap Horn, c'est-à-dire, à augmenter
la durée de la traversée et les risques d'être assail-
lie par les tempêtes, pour se rendre au Pacifique
dans le but d'attaquer la propriété et la côte chiliennes, s'il lui était permis de l'armer, tandis que
celui-ci, possédant seulement quelques kilomètres
de l'une des rives dudit bras de mer dans un endroit
où ses eaux sont très larges, n'aurait aucun moyen
pour empêcher, depuis la terre, que les bâtiments
de guerre de celui-là ne viennent, par cette route,
dans l'Atlantique, afin d'opérer contre le commerce
maritime et le littoral argentins et ne soient, par
suite, en bien meilleure situation que les siens au
point de vue stratégique.

Ainsi, l'interdiction établie par le dernier alinéa
de l'article cinq du traité du 23 juillet 1881 a pour
objet non seulement d'assurer que les Puissances
contractantes n'exécuteront jamais d'actes d'hostilité dans l'artère du détroit de Magellan et qu'elles
n'y prélèveront aucune taxe de transit, mais encore
de faciliter les opérations militaires de la République Argentine contre le Chili dans le cas où la paix
viendrait à se rompre entre ces deux États. Sa mission est donc perpétuelle, très complexe et fort déli-
cate. Aussi est-il à peu près certain qu'elle ne
pourra pas la remplir entièrement, ou qu'elle finira

par succomber à sa tâche. Et d'ailleurs, toutes les servitudes de son espèce ont peu de consistance et sont, en conséquence, sujettes à disparaître un jour plus ou moins éloigné, parce qu'elles sont trop subordonnées aux évènements de la politique internationale et trop gênantes pour la plupart des Puissances qui les subissent, comme le démontre le sort encouru par les restrictions de fortifier Saverne, Dunkerque et la mer Noire, que les traités de Munster, de 1648, d'Utrecht, de 1713 et de Paris, de 1856, ont successivement établies.

b. Fonctionnement des dispositions contenues dans la clause de neutralisation du détroit de Magellan

La nature et la portée des diverses dispositions contenues dans la clause de neutralisation du détroit de Magellan que nous venons de déterminer dans le but de mettre en lumière les rapports que ce texte établit entre les États contractants, nous ont fait connaître les effets juridiques qu'il produit à leur égard. Leur fonctionnement, dont nous allons parler en commençant par faire quelques remarques sur la formation de chacune d'elles afin de mieux comprendre sa manière d'agir, va nous indiquer les conséquences qu'il a au point de vue de leurs relations morales et compléter, par suite, l'étude de la question supérieure qui nous occupe.

Les trois parties de l'article cinq du traité du
23 juillet 1881 ne se sont pas historiquement formées
de la même façon. Les idées de neutraliser le détroit
de Magellan, ou de ne pas y exécuter d'actes d'hostilité, et d'en assurer la libre navigation aux pavillons de tous les États, quoique récentes, ne sont
cependant pas le résultat d'une détermination
subite, mais le fruit d'une évolution libérale qui
s'opérait simultanément de l'un et de l'autre côté
des Andes. Car, le Chili, qui, par sa note du
26 octobre 1873, annonçait aux Puissances étrangères avec lesquelles il entretenait des relations
tions diplomatiques que si le bras de mer mentionné
lui était attribué, il avait l'intention de le déclarer
neutre « afin », ajoutait-il [1], « que, dans le cas
« improbable où une guerre extérieure éclaterait,
« les navires de toutes les nations ne puissent pas
« y être traités autrement qu'en temps de paix »,
devait certainement persévérer dans son projet ; et
la République Argentine, pour rester fidèle à l'esprit de sa politique internationale, large et désinté-
ressée [2], qu'elle inaugura en ouvrant ses fleuves à
la navigation de tous les pavillons, avait à éviter que
le passage par le canal interocéanique, dont elle
allait posséder un morceau de côte, pût être gêné

[1]. *Memoria de Relaciones Exteriores*, 1873, p. 85.
[2]. Calvo, *Le Droit International théorique et pratique*, t. I,
n° 575, p. 508.

par le prélèvement de péages semblables à ceux que le Danemark a perçus dans le Sund et dans les Belts jusqu'en 1857.

Lorsque ces deux tendances vers le progrès du droit des gens se rencontrèrent, elles s'associèrent et formèrent le premier et le second des principes contenus dans la clause de neutralisation du détroit de Magellan ; quant au troisième, il procède, avec quelques petites modifications, de l'article 13 du traité de Paris du 30 mars 1856[1].

De sorte que, sur les trois unités juridiques dont l'article cinq du traité du 23 juillet 1881 se compose : deux, ou soit la neutralité perpétuelle du détroit de Magellan, ou ce qu'on appelle ainsi, et sa liberté, avaient des germes au Chili ou dans la République Argentine avant de prendre rang parmi les institutions du droit international conventionnel de ces États ; et l'autre, c'est-à-dire l'interdiction de construire des fortifications sur les bords dudit bras de mer, a spécialement été prise à l'étranger pour les besoins de la cause, ou pour servir les intérêts de la Plata. Aussi, la première et la seconde de ces dispositions contractuelles furent-elles facilement adoptées et n'ont-elles suscité la moindre difficulté depuis qu'elles sont en vigueur. La dernière, au contraire, n'a été acceptée qu'à regret par le gouvernement

---

[1] *El Araucano* du 1ᵉ juillet 1856.

chilien : elle ne fonctionne qu'en provoquant de fréquentes inquiétudes, et même quelques manifestations contre le Chili, à Buenos-Ayres, à cause des
bruits qui s'y répandent souvent que cet État ne la
respecte pas, et certains mécontentements à Santiago, où l'on ne cesse de songer aux conséquences
qu'elle est susceptible de produire et de la qualifier
de blessante pour l'amour-propre national ; et, partant, on peut dire qu'elle constitue un obstacle presque insurmontable pour que les deux nations sym-
pathisent et marchent continuellement la main dans
la main. Sa manière d'agir ne saurait cependant pas
amener la guerre, parce que, d'après le deuxième
alinéa de l'article six du traité du 23 juillet 1881,
dans lequel il est dit que *toute question qui, par malheur, surgirait entre les deux pays à l'occasion de la
transaction contenue dans ce pacte ou de n'importe quel
différend, sera soumise à la décision d'une Puissance
amie,* les gouvernements chilien et argentin sont
obligés de faire trancher par un État étranger tous
les conflits qui s'élèveraient entre eux, quelle qu'en
soit la source.

Telles sont les conséquences que la clause de neutralisation du détroit de Magellan a en ce qui concerne les rapports entre les Puissances contractantes.
Dans le chapitre suivant, nous verrons les effets
qu'elle produit envers les États non signataires.

CHAPITRE VI

PORTÉE DE LA CLAUSE DE NEUTRALISATION DU DÉTROIT DE MAGELLAN À L'ÉGARD DES ÉTATS ÉTRANGERS

Bien que les traités ne soient obligatoires que pour les Puissances signataires, beaucoup d'entre eux ont cependant de l'intérêt pour un nombre plus ou moins considérable de nations étrangères, à cause de certains effets, pour ainsi dire généraux, qu'ils produisent. Parmi ceux-ci figurent, par exemple, la convention, dite des Détroits, signée à Paris, le 30 mars 1856[1], qui interdit, d'une manière un peu déguisée, l'accès des Dardanelles et du Bosphore à presque tous les bâtiments de guerre des États non riverains, tant que la Turquie se trouve en paix; celle de Constantinople, du 29 octobre 1888, aux termes de laquelle chacun des gouvernements contractants sera obligé, dès qu'elle entrera en vigueur, de ne pas commettre

---

[1] A. de Clercq, *Recueil des Traités de la France*, t. VII, p. 69.

d'actes d'hostilité dans le canal de Suez et ses eaux adjacentes, contre les vaisseaux d'aucune nationalité ; et celle du 23 juillet 1881, conclue entre le Chili et la République Argentine, dont l'article cinq peut, suivant les cas, profiter ou nuire à toutes les Puissances maritimes.

Par la clause citée de ce traité-ci, les gouvernements chilien et argentin se sont, comme nous le savons, interdit d'exécuter des actes d'hostilité dans le détroit de Magellan, d'y percevoir des taxes de transit et de fortifier ses bords.

Or, l'obligation de ne pas commettre d'actes d'hostilité dans cette route interocéanique favorise les Puissances étrangères en ce que les navires de chacune d'elles pourront vraisemblablement y passer, lorsque le Chili ou la République Argentine sera en guerre avec un État quelconque, sans y être attaqués ou sans avoir à y subir le droit de visite, d'angarie ou d'embargo, suivant qu'ils aient la qualité de belligérants ou de neutres, car, quoique ces deux pays ne soient juridiquement tenus de la respecter qu'entre eux, il est fort probable qu'ils l'observeront à l'égard de toutes les nations.

L'engagement de ne percevoir aucune taxe de transit dans le bras de mer mentionné, bien qu'il ne lie, directement du moins, les parties contractantes que dans leurs relations réciproques, est, lui aussi, avantageux pour les États non signataires, parce que, étant d'ordre économique, il garantit ou peut assurer à ceux d'entre eux qui ont ou feraient des traités, portant la clause de *la nation la plus favorisée*, avec le Chili ou avec la Plata, que la première de ces Puissances ne prélèvera jamais sur leurs bateaux, dans cette voie maritime, les péages auxquels elle pourrait avoir droit en compensation des dépenses d'éclairage, de balisage et autres qu'elle y fait dans l'intérêt général de la navigation, et que la seconde n'y appliquera pas de tarif pour se dédommager des frais d'établissement et d'entretien du phare qu'elle ne tardera vraisemblablement pas à construire sur le cap des Vierges.

Mais, par contre, l'interdiction de fortifier les bords du canal en question se traduit en un danger assez sérieux pour les nations non riveraines, parce que, comme elle constitue un obstacle presque insurmontable pour que le souverains territoriaux puissent faire respecter, dans cette route interocéanique, les règles que les bâtiments militaires des Puissances belligérantes doivent observer dans la mer côtière des pays neutres, elle expose leurs navires à ne pas y trouver, en cas de besoin, la protection à laquelle ils ont droit, ou à être capturés ou anéantis, et à ce que, quelquefois, ils ne puissent pas y passer. Car, au cours d'une guerre dans laquelle ni le Chili, ni la République Argentine ne soient engagés, il peut arriver que des vaisseaux

des États ennemis passent par le détroit de Magellan et s'y rencontrent ; que les bâtiments de l'une
des Puissances belligérantes, guidé par un patriotisme exagéré ou par l'espoir d'une victoire certaine,
violent les principes généraux du droit international, qui prescrivent de n'exécuter aucun acte d'hostilité dans les eaux neutres, et y attaquent ceux de
l'autre ou les y suivent dans l'intention de les battre en rentrant dans la pleine mer et les prennent
ou les coulent, bien que, pour faire cesser ces agissements, les bateaux attaqués ou poursuivis
demandent le secours de l'autorité locale, parce que
celle-ci se trouvera presque toujours dans l'impossibilité matérielle de mettre fin à l'agression ou de
faire respecter la règle des vingt-quatre heures aux
embouchures de cette voie maritime, à cause de
l'absence de fortifications, ou d'artillerie, sur ses
côtes ; et que les navires assaillis, n'obtenant pas
la protection sollicitée, se défendent par eux-mêmes
et, en conséquence, qu'un véritable combat naval
s'engage dans ledit canal et le ferme, pour un laps
de temps plus ou moins long, au pavillon des États
neutres. Des opérations militaires de ce genre obli-
geraient, il est vrai, le Chili ou la République
Argentine, suivant qu'elles auraient lieu ou seraient
préparées dans les eaux du premier ou du second
de ces deux pays, à indemniser les pertes qu'elles
occasionneraient à l'État ou aux États dont les bâti-

ments seraient attaqués ou auraient à interrompre leur course, et à demander à la Puissance qui les provoquerait, la restitution des prises maritimes qu'elles lui permettraient de faire. Mais, si le dommage causé consiste en la destruction d'un ou de plusieurs bâtiments de guerre, il sera quelquefois irréparable, parce que, une telle perte pourra mettre la nation qui la subira dans une situation tout à fait désavantageuse au point de vue du résultat final de la lutte ou, autrement dit, assurer la victoire à son adversaire.

Ainsi, chacune des trois dispositions dont la clause de neutralisation du détroit de Magellan se compose intéresse les Puissances étrangères. La première et la seconde, parce qu'elles sont de nature à les favoriser; et la troisième, à cause du tort qu'elle peut leur faire.

CONCLUSION

Nous avons vu que le détroit de Magellan fait
communiquer, non loin du cap Horn, l'Atlantique
et le Pacifique, c'est-à-dire deux mers libres, et qu'en
conséquence, il est ouvert et libre à la navigation de
tous les pays, en vertu des principes généraux du
droit des gens ; qu'il traverse une contrée désormais
riche à cause de l'élevage du mouton, dans laquelle
il y a plusieurs mines de charbon ; qu'il a une
importance commerciale et stratégique considérable ; qu'il appartient entièrement au Chili, à l'exception d'une toute petite portion qui relève de la
République Argentine ; que, par l'article cinq de
leur traité de limites, ces deux États se sont
obligés à ne jamais y commettre d'actes d'hostilité, à n'y prélever aucune taxe de transit, et à ne
pas fortifier ses bords ; et que ces restrictions à
l'exercice de la souveraineté présentent quelques
avantages et ont certains inconvénients, tant pour
les parties contractantes que pour les nations étrangères.

Or, de là on peut tirer la conclusion que ce canal est en danger d'être pris par quelque forte Puissance maritime, parce que sa situation géographique et la richesse agricole et minière des terres qui l'environnent sont de nature à exciter la convoitise et que l'interdiction de construire des forteresses sur ses côtes est un obstacle pour que les États riverains puissent le défendre convenablement.

Et, si à cela on ajoute que les grandes Puissances éprouvent, en général, le besoin d'occuper militairement les voies navigables de communication entre les mers, comme le peu d'empressement que l'Angleterre met à évacuer l'Égypte et l'histoire, la lettre et l'esprit des divers traités intervenus entre la Grande-Bretagne et les États-Unis au sujet du futur canal de Panama le prouvent, et qu'elles tiennent énormément à avoir des dépôts de charbon sur différents points du globe afin que, lorsqu'elles seront belligérantes, leurs bâtiments de guerre puissent se ravitailler facilement en combustible, on s'aperçoit que le péril mentionné est manifeste et, partant, que le Chili et la République Argentine sont exposés à perdre une partie considérable de leur territoire respectif et que presque toutes les Puissances européennes sont menacées de ne pas trouver la Mer du Sud toujours libre, d'en être complètement exclues et même de ne pouvoir naviguer que dans l'Atlantique et dans la Méditerranée, au sens large de ces mots. Car l'État qui mettrait la main sur le détroit de Magellan s'emparerait, certainement, aussi, d'une grande portion des pays qui forment sa côte septentrionale et de tout l'archipel de la Terre du Feu et, par suite, il serait maître, de fait, des portes australes du Grand Océan et pourrait, quand il soutiendrait une guerre, en entraver considérablement la liberté, parce qu'il serait à même d'arrêter à peu près tous les bâteaux qui s'y rendraient ou en sortiraient, afin de procéder à l'enquête sur le pavillon et d'exercer sur eux le droit de visite, d'angarie ou d'embargo, et, dans le cas où ce serait l'Angleterre qui prendrait possession de l'extrémité méridionale de l'Amérique, comme elle commande le canal de Suez et qu'elle est souveraine du cap de Bonne-Espérance, elle dominerait toutes les voies maritimes qui conduisent au Pacifique et à l'Océan Indien et, en conséquence, elle pourrait, lorsque les circonstances le lui conseilleraient, s'employer à les fermer aux autres nations de l'Europe dans l'intention de s'emparer de la plus grande partie de leur empire colonial, de régler au mieux de ses intérêts la *question chinoise* et de monopoliser, pour ainsi dire, le commerce maritime du monde entier, à l'exception de celui de l'Atlantique et de la Méditerranée. Une telle entreprise aurait, il est vrai, très peu de chances de réussir, parce qu'elle serait énergiquement combattue par plusieurs Puissances; mais, sa grande force navale, l'aide de ses colonies, le concours du Japon[1] et une alliance avec les Etats-Unis, permettraient au gouvernement britannique de la tenter avec quelque espoir de succès.

Comme on le voit, le danger qui menace le détroit de Magellan peut avoir des conséquences fâcheuses pour un grand nombre d'Etats. Partant, il est d'intérêt général d'aviser, sans retard, aux moyens propres à le conjurer. Pour atteindre ce but, il faudrait : ou neutraliser à perpétuité la Magellanie, ou que les gouvernements chilien et argentin abrogent la disposition finale de l'article cinq du traité du 23 juillet 1881 et fortifient les bords dudit canal.

De ces deux mesures, la première serait indubitablement la plus efficace. Mais, comme la neutralité perpétuelle de la Magellanie ne saurait résulter que d'un accord entre le Chili, la République Argentine, les grandes Puissances européennes et les Etats-Unis, il est plus que probable que, si on se proposait de la créer, on ne pourrait pas y arriver, parce que, cette dernière nation, n'ayant pas grand'chose à en attendre, puisque sa situation géographique et la propriété du canal de Panama lui garantissent suffisamment la liberté de naviguer dans tous les

1. Un traité d'alliance, dont on peut voir les termes dans *Le Matin* du 13 février 1902, est intervenu entre l'Angleterre et le Japon, le 30 janvier de l'année mentionnée.

Océans, s'opposerait certainement, en vertu de la doctrine Monroe, à ce qu'elle soit établie, et que l'Angleterre, étant maîtresse des îles Malouines[1], ou Falkland, qui, situées à trois cent cinquante milles, environ, de l'embouchure orientale du détroit de Magellan[2], très bien fortifiées et destinées à devenir incessamment le siège d'une division navale et d'un dépôt de charbon, lui permettent d'assurer à son pavillon le libre accès de la Mer du Sud et de s'emparer plus facilement que tout autre État de l'extrémité méridionale de l'Amérique, refuserait vraisemblablement de la souscrire.

Si on ne doit pas s'attendre à ce qu'on neutralise la Magellanie, on peut, par contre, espérer que le Chili et la République Argentine abrogent la dernière partie de l'article cinq du traité du 23 juillet 1881 et fortifient les côtes du détroit de Magellan, parce qu'ils ont intérêt à le faire afin d'adoucir leurs rapports moraux, de pouvoir remplir, dans ce canal, leurs devoirs de protection envers les navires étrangers et de pourvoir à la sécurité de leur territoire respectif, et que, logiquement, ils peuvent le faire sans modifier en rien l'économie de leurs relations contractuelles et sans favoriser en quoi que ce soit les opérations militaires de l'un au préjudice

1. *Annuario Hidrográfico de la Marina de Chile*, t. XI, p. 517.
2. *Annuario Hidrográfico de la Marina de Chile*, t. VIII, p. 515.

de celles de l'autre, car, comme ils sont obligés de faire résoudre, par l'arbitrage d'une nation amie, tous les différends qui les sépareraient et qu'ils ne pourraient pas trancher pacifiquement par eux-mêmes, ils ne doivent jamais se faire la guerre et, partant, ils ne peuvent se battre ni dans le bras de mer mentionné ni ailleurs.

Voilà ce que nous avions à dire sur le détroit de Magellan au point de vue international. En résumé, il est libre à la navigation de tous les pavillons, en vertu des principes généraux du droit des gens et par déclaration des Puissances riveraines ; neutre, en ce sens que ces États ne peuvent y exécuter aucun acte d'hostilité ; désarmé ; et en danger d'être pris par quelque forte nation maritime.

APPENDICE

Nous traduisons ci-après un traité général d'arbitrage, intervenu récemment entre la République Argentine et le Chili, dont nous avons pu connaître les dispositions à temps pour en tenir compte dans notre travail. Il est ainsi conçu :

Les gouvernements de la République Argentine et de la République du Chili, animés du commun désir de résoudre par des moyens pacifiques tous les conflits qui pourraient se produire entre les deux pays, ont résolu de conclure un traité général d'arbitrage, à l'effet de quoi ils ont nommé leurs Ministres Plénipotentiaires, savoir :

S. E. le Président de la République du Chili : M. José Francisco Vergara Donoso, ministre d'État au département des Affaires Étrangères, et

S. E. le Président de la République Argentine : M. José Antonio Terry, Envoyé Extraordinaire et Ministre Plénipotentiaire de ce pays.

Lesquels, après s'être communiqué leurs pleins

pouvoirs, trouvés suffisants et en due forme, sont convenus des dispositions suivantes :

ARTICLE 1er. Les hautes parties contractantes s'obligent à soumettre à l'arbitrage tous les conflits, quelles qu'en soient la nature et la cause, qui surgiraient entre elles, ne touchant pas aux préceptes de la Constitution de l'un ou de l'autre pays et qu'elles ne pourraient pas régler au moyen de négociations directes.

ARTICLE 2. On ne pourra pas renouveler, en vertu de ce traité, les questions ayant fait l'objet d'arrangements définitifs entre les parties. En tels cas, l'arbitrage sera exclusivement limité aux difficultés qui se produiraient au sujet de la validité, de l'interprétation et de l'exécution desdits arrangements.

ARTICLE 3. Les hautes parties contractantes désignent comme arbitre le gouvernement de Sa Majesté Britannique. Et, pour le cas où l'une ou l'autre des parties viendrait à rompre les relations amicales avec le gouvernement de S. M. B., les deux parties désignent comme arbitre le gouvernement de la Confédération suisse.

Dans les soixante jours qui suivront l'échange des ratifications, les deux parties demanderont, ensemble ou séparément, au gouvernement de S. M. B., arbitre en premier lieu, et au gouvernement de la Confédération suisse, arbitre en second lieu, qu'ils daignent accepter la charge d'arbitre que ce traité leur confère.

Article 4. Les gouvernements contractants fixeront les points, les questions ou les différends qui seront soumis à l'arbitrage, et pourront déterminer l'étendue des pouvoirs de l'arbitre et toute autre circonstance relative à la procédure.

Article 5. A défaut d'entente, chacune des parties pourra solliciter l'intervention de l'arbitre, en qui résidera le droit de fixer l'objet du litige, l'époque, l'endroit et les formalités de la procédure, comme aussi celui de résoudre tous les incidents du procès qui se produiraient au cours des débats. Les parties s'obligent à fournir à l'arbitre tous les moyens d'information dont elles disposeront.

Article 6. Chacune des parties pourra constituer un ou plusieurs mandataires pour se faire représenter devant l'arbitre.

Article 7. L'arbitre est compétent pour décider de la validité du compromis et pour l'interpréter ; il l'est aussi pour résoudre les controverses qui s'élèveraient entre les parties, quant à la question de savoir si certaines matières ont ou n'ont pas été soumises à la juridiction arbitrale par cet acte.

Article 8. L'arbitre devra juger conformément aux principes du droit international, à moins que le compromis ne l'autorise à agir comme amiable compositeur ou n'impose l'application de règles spéciales.

ARTICLE 9. La sentence devra décider définitivement chacun des points en litige, et elle sera motivée.

ARTICLE 10. La sentence sera rédigée en double exemplaire et devra être notifiée à chacune des parties, par l'intermédiaire de son représentant.

ARTICLE 11. La sentence légalement rendue décide, dans les limites de sa portée, la contestation entre les parties.

ARTICLE 12. L'arbitre fixera dans la sentence le délai dans lequel elle devra être exécutée et sera compétent pour résoudre les difficultés qui se produiraient au sujet de son exécution.

ARTICLE 13. La sentence n'est pas appelable, et son exécution est confiée à l'honneur des nations signataires de ce pacte. Toutefois, on admettra le recours en revision devant le même arbitre qui l'aura prononcée, à condition qu'il soit demandé avant l'expiration du délai fixé pour son exécution, dans les cas suivants :

1° Si la sentence est rendue en vertu d'un document faux ou altéré ;

2° Si la sentence est, en tout ou en partie, la suite d'une erreur de fait provenant des pièces ou documents du procès.

ARTICLE 14. Chacune des parties payera ses

propres frais et la moitié des frais généraux de l'arbitre.

Article 15. Le présent traité régira pendant dix ans, comptés de l'échange de ses ratifications.

S'il n'est pas dénoncé six mois avant son expiration, il sera tenu pour renouvelé pour une autre période de dix années et ainsi successivement.

Le présent traité sera ratifié et ses ratifications seront échangées[1] à Santiago de Chili dans les six mois de sa date.

En foi de quoi, les Plénipotentiaires de la République Argentine et de la République du Chili ont signé en double exemplaire le présent traité et l'ont revêtu de leur sceau respectif, dans la ville de Santiago, le 28 mai 1902. — (Signé) : J. F. Vergara Donoso; — (Signé) : J. A. Terry.

Solution de la question des limites

Au moment où l'impression de notre ouvrage allait être finie, c'est-à-dire le 20 novembre 1902, nous avons appris par les journaux que la décision du roi Édouard VII, dans la question des limites entre le Chili et la République Argentine, avait été remise la veille par lord Lansdowne au Ministre respectif de chacun des pays intéressés.

La sentence de Sa Majesté Britannique n'a

[1]. Elles le furent le 22 septembre 1902.

accordé ni la frontière demandée par le Chili ni celle réclamée par la République Argentine : elle a attribué environ les cinq neuvièmes de la superficie des régions disputées au premier de ces États et les quatre neuvièmes au second, circonstance qui fait qu'on la considère comme satisfaisante pour l'un et pour l'autre des deux gouvernements litigants.

TABLE DES MATIÈRES

PREMIÈRE SECTION

Découverte et histoire sommaire
du détroit de Magellan

CHAPITRE I

DÉCOUVERTE DU DÉTROIT DE MAGELLAN

CHAPITRE II

HISTOIRE SOMMAIRE DU DÉTROIT DE MAGELLAN

DEUXIÈME SECTION
La question des limites

CHAPITRE I

DIFFÉREND CHILO-ARGENTIN RELATIF
A LA SOUVERAINETÉ D'UNE PARTIE CONSIDÉRABLE
DE LA MAGELLANIE

CHAPITRE II

LA COMMISSION INTERNATIONALE

CHAPITRE III

L'ARBITRAGE

TROISIÈME SECTION

Condition juridique du détroit de Magellan

CHAPITRE I

DE LA SOUVERAINETÉ
DES DÉTROITS ET DES CANAUX MARITIMES

CHAPITRE II

DE LA CONSTITUTION
DE LA PROPRIÉTÉ DU DÉTROIT DE MAGELLAN

CHAPITRE III

L'ARTICLE V DU TRAITÉ DU 23 JUILLET 1881

CHAPITRE IV

LA CLAUSE DE NEUTRALISATION DU DÉTROIT
DE MAGELLAN ET LE DROIT CONSTITUTIONNEL
CHILIEN ET ARGENTIN.

CHAPITRE V

LA CLAUSE DE NEUTRALISATION DU DÉTROIT
DE MAGELLAN AU POINT DE VUE DES RAPPORTS
ENTRE LE CHILI ET LA PLATA

CHAPITRE VI

PORTÉE DE LA CLAUSE DE NEUTRALISATION DU DÉTROIT DE MAGELLAN A L'ÉGARD DES ÉTATS ÉTRANGERS

LAVAL — IMPRIMERIE PARISIENNE, L. BARNÉOUD & Cie.

ERRATA

Pages	Au lieu de	Lisez
1, ligne 8.	l'intention.	l'intention.
10, note 3.	Bantieu Rivera	Bantou Rivera
12, ligne 1.	cent.	cent.
22, note 1.	fort Bulnes.	fort Bulnes.
24, ligne 11.	d'houille.	de houille.
25, ligne 2.	on a.	en a.
30, lignes 22-23.	ce agression.	ces agressions,
32, ligne 10.	territoire du Magel-lan.	territoire de Ma-gellan.
40, lignes 22-23.	l avait.	il avait.
53, ligne 23.	lui avait.	lui avaient.
61, ligne 2.	reculeren ordre.	reculer en ordre
77, ligne 9.	que les forteresses,	que des forteres-ses.
132, ligne 1.	route,	trente,
138, ligne 19.	lignes différentes des faites.	lignes différentes de faites.
151, ligne 3.	devaleu,	devaient,
152, note 2.	*La Question.*	*La Cuestion*
157, note 1.	*La Loi.*	*La Lei.*
169, ligne 15.	la résoudre,	le résoudre.
172, ligne 1.	contestés,	contestés [1].
185, ligne 9.	mouvements des deux escadres.	mouvements de deux escadres
214, ligne 18.	la canal.	le canal.
224, ligne 25.	Par l'acte de sur-cession.	Par l'acte de con-cession.
225, ligne 2.	également ouvert,	également ouverts.
id. ligne 14.	tous le vaisseaux,	tous les vaisseaux.
id. ligne 15.	garantie.	garanti
230, ligne 18.	la canal.	le canal
232, ligne 22.	intérêts politique,	intérêts politiques.
244, ligne 14.	23 juillet,	15 juillet.
245, ligne 2.	se référèrent.	se référent,
248, note 3.	p. 54 à 171.	p. 59 et 171.
285, lignes 9-10.		garantie collective.
289, lignes 22-23.	également néces-saire,	également néces-saires,